D0661172

Les Poilus

Jean-Pierre Guéno

Les Poilus

Lettres et témoignages des Français
dans la Grande Guerre
(1914-1918)

À Agnès, Clémence et François.

*À mes ancêtres Charles Solher, Louis et Alexandre Guéno
et à tous les autres poilus de la Grande Guerre.*

© Éditions Les Arènes, 2013

Sommaire

Contre l'oubli

Au moment où l'Europe célèbre le 100ᵉ anniversaire de la Grande Guerre, ce nouveau livre prend tout son sens. Fruit de seize ans de labeur personnel, enrichi par les réactions de milliers de lecteurs depuis la publication de *Paroles de poilus* en 1998, ce Librio du centenaire rassemble les plus belles lettres de *Paroles de poilus*, enrichies d'un corpus inédit à 80 %. Il ne présente pas seulement les poilus mais tout leur environnement, tous leurs interlocuteurs, toutes les thématiques de leur calvaire qui ne prit pas fin avec les combats. On y retrouve ainsi leurs familles, leurs compagnes, leurs enfants, leurs mères, la palette de leurs états d'âme et les grands thèmes révélés par leurs lettres et leurs carnets : la précocité des fraternisations dès décembre 1914, une certaine forme de rupture avec les populations civiles, leurs indignations devant la propagande et le bourrage de crâne, leur esprit de camaraderie et de fraternité, leur refus de diaboliser l'ennemi, leur sens du devoir, leur détresse devant certaines errances hiérarchiques, ou encore la réalité des mouvements sociaux qui sous-tendent la guerre. On y apprend que l'affiche de mobilisation placardée dans chaque bourg de France le 2 août 1914 a été imprimée dix ans plus tôt.

Paroles de poilus étaient le résultat d'une collecte lancée par mes soins sur les antennes de Radio France en 1997. L'appel incitait les auditeurs à transmettre les lettres des poilus qui dormaient dans leurs archives. Les plus beaux textes choisis parmi plus de dix mille lettres avaient à l'époque été magnifiquement portés à l'antenne par mon ami et complice Yves Laplume et composés en recueil par mes soins. Depuis, la base « Mémoire des hommes », créée en 2003 par le ministère de la Défense (http://www.memoiredeshommes.sga.defense.gouv.fr/), a recensé les fiches des poilus qui ont laissé leur nom et leur prénom sur les cent cinquante mille plaques commémoratives et monuments de notre beau pays, afin que nul n'oublie leur sacrifice. Longtemps les pertes ont été sous-estimées : nous n'avons guère appris dans nos livres d'histoire que 50 % des poilus tombés entre 1914 et 1918 avaient été tués pendant les neuf premiers mois de guerre.

Si *Paroles de poilus* a connu un vif succès depuis sa sortie en 1998, s'il a été très vite prescrit dans les programmes scolaires, s'il a trouvé en quinze ans plus de trois millions de lecteurs sous ses diverses formes, s'il continue à émouvoir des adolescents qui réalisent que l'immense majorité des poilus avaient quasiment leur âge, c'est parce que les Français ont compris que ces obscurs, ces sans-grade qu'étaient souvent leurs aïeux sont les véritables acteurs d'une histoire trop longtemps résumée à ses têtes d'affiche. Longtemps l'homme du peuple n'a pas laissé de traces pérennes. Puis est venue l'école de Jules Ferry. Nos aïeux ont alors appris à lire et à écrire, à exprimer leur histoire, leurs révoltes et leurs amours, leurs états d'âme.

La dimension humaniste d'un grand nombre de lettres nous donne une leçon de vie : alors que la spirale de la violence aurait pu pousser ces hommes à la vengeance, la plupart d'entre eux comprenaient à quel point leurs « ennemis » leur étaient similaires, victimes d'un processus qui les broyait. Ils continuaient pourtant à faire leur devoir, par esprit de solidarité avec leurs camarades beaucoup plus que par patriotisme aveugle, glorifié par la propagande. Nos trente mille monuments aux morts ne sont pas des symboles cocardiers ou revanchards mais ont été conçus pour que personne n'oublie le sacrifice de ces morts et qu'une pareille catastrophe ne se reproduise jamais. Ils sont le symbole de la « der des ders » et de la paix retrouvée. Ces listes gravées dans la pierre réunissent pour toujours les hommes d'un même terroir, comme ils l'étaient dans la vie.

Ainsi, même lorsque les familles n'ont pas gardé les lettres de leurs ancêtres, les poilus tués pendant la Grande Guerre ont au moins laissé une parole : celle de leur nom et de leur prénom inscrits dans la pierre du souvenir. Et puis il y a tous les autres. Parmi les six millions d'hommes qui ont revu le clocher de leur village, plus de quatre millions sont plus ou moins gravement blessés, le corps cassé, la chair abîmée, parfois gravement mutilés à l'exemple des quinze mille gueules cassées. Et pour ceux qui s'en sortirent indemnes en apparence, l'alcool si présent dans les tranchées resta souvent d'un grand secours pour tenter d'atténuer le souvenir de l'horreur.

Ils ont tous à présent rejoint la terre de nos ancêtres, ces «poilus» de 1914-1918. Et quand aujourd'hui leurs enfants et les enfants de leurs enfants viennent à mourir, il arrive que les archives soient détruites ou dispersées, les lettres vendues pour leurs enveloppes, les carnets pour leurs dessins, les cartes postales pour leurs timbres... Alors l'histoire de nos poilus risque de disparaître. Sans leurs lettres, ils risquent de n'être plus que des matricules anonymes. Ils risquent de mourir pour la seconde fois. De façon irrémédiable. Puissent ces «paroles de poilus» sauver toutes les autres de l'oubli.

Jean-Pierre GUÉNO

Préambule

Ils avaient 17, 25 ou 30 ans. Beaucoup portaient le cheveu court et la moustache. Beaucoup avaient les mains et la nuque parcheminées du laboureur, les doigts usés de l'ouvrier, les ongles cassés du tourneur ou du mécanicien. Il y avait des palefreniers, des arpenteurs, des boulangers, des maîtres d'hôtel, des garçons de bureau, des clercs de notaire, des charcutiers, des instituteurs, des colporteurs, des rédacteurs, des vachers, des portefaix, des bergers, des prêtres, des rémouleurs, des cuisiniers, des taillandiers, des commis, des chauffeurs, des valets de pied, des étameurs, des livreurs, des chaudronniers, des crieurs de journaux, des garçons coiffeurs, des cheminots, des garçons de café, des facteurs, des intellectuels, des ouvriers, des bourgeois, des aristocrates et des bourreliers...

Il y eut soudainement des civils, des militaires de carrière, des conscrits, des réservistes, des artilleurs, des marins, des fantassins, des zouaves, des aviateurs, des sapeurs, des brancardiers, des agents de liaison, des télégraphistes, des sous-officiers, des sous-mariniers, des infirmiers, des cuistots, des adjudants, des généraux, des sous-lieutenants, des aumôniers, des cantiniers, des cavaliers, des bleus, des rappelés, des permissionnaires...

Il y eut soudainement des poilus.

Autant de voyageurs sans bagages qui durent quitter leurs familles, leurs fiancées, leurs femmes, leurs enfants. Laisser là le bureau, l'établi, le tour, le pétrin, la boutique ou l'étable. Revêtir l'uniforme mal coupé, le pantalon rouge, le képi cabossé. Endosser le barda trop lourd et chausser les godillots cloutés.

Leur écriture est ronde ou pointue ; elle a la finesse de la plume ou le trait gras du crayon à encre. Ils signent Gaston, Jean, Auguste, Marcel, Louis, Alexandre, Edmond, Martin, Antoine, Étienne, Maurice, Albert, Henri, Roger, René... Ils écrivent à leurs femmes ou à leurs mères : Félicie, Léontine, Hortense, Louise, Honorine, Clémence, Marguerite, Berthe, Germaine, Yvonne, Marthe...

Leurs paroles expriment leurs amours, leurs espoirs, leurs détresses, leurs passions, leurs souffrances. La vibration, la petite musique de leurs âmes. Le beau chant de l'humaine condition.

Ces lettres reprennent les mots mêmes des poilus ; nous avons pris le parti de conserver leurs erreurs et maladresses.

La mobilisation

Le 1ᵉʳ août 1914, en milieu d'après-midi, le tocsin alerte les populations des villages et des villes de France, qui découvrent sur les murs des mairies l'affiche de mobilisation imprimée dès 1904 et complétée de la date du jour : le président de la République ordonne par décret la mobilisation générale. Chaque réserviste sait, en consultant son livret individuel de mobilisation, le lieu et le jour auxquels il doit répondre à l'appel. En 1914, l'armée française d'active compte 850 000 hommes, principalement issus des classes 1912 et 1913, qui rassemblent les conscrits âgés de 20 à 22 ans, soumis depuis 1913 à un service militaire de trois ans. La mobilisation appelle en sus plus de 2 200 000 hommes qui forment la réserve et 700 000 hommes de la Territoriale. Auxquels vont s'ajouter les volontaires. Au total, 3 800 000 mobilisés sur une population de 39 millions d'habitants. Conditionnés par la propagande, une fois passées la consternation et la stupeur, beaucoup partent déterminés au combat. Rares sont les voix dissonantes.

Si l'affiche de mobilisation a été imprimée par l'Imprimerie nationale dès 1904, en appliquant les consignes du Journal militaire officiel de 1903, c'est parce que les gouvernements français qui se succèdent depuis la défaite de 1871 préparent tous la guerre d'une manière ou d'une autre, alors même que l'opinion publique ne va pas dans ce sens et continue à considérer que l'ennemi héréditaire de la France reste l'Anglais.

Les bataillons scolaires sont créés en 1882 et prévoient une sorte de préparation militaire à l'école pour des enfants de 12 ans ! Les championnats de tir scolaires sont créés en 1896. On hypertrophie dans les consciences le mythe de « l'Alsace-Lorraine » qui devient le sujet d'histoire favori des instituteurs. Malgré cette propagande, l'idée de revanche va progressivement s'estomper à partir de 1890 avec la normalisation des relations franco-allemandes. Mais les hommes politiques sont têtus. Ils ont besoin de consolider une IIIᵉ République toute neuve en développant l'idée de

« nation ». Les grands pays développés continuent à se disputer le monde en consolidant leurs empires coloniaux. De leur côté, les grands industriels savent à quel point l'économie de l'armement peut être productive et rentable quand tout le monde a besoin de poudre et d'acier.

Pierre Ferrier est secrétaire en chef de la mairie du Creusot. Entre 1914 et 1916, il tient une sorte de carnet intime, mélange de journal communal de la vie quotidienne et de souvenirs personnels.

Les 30, 31 juillet, les bruits de guerre montent crescendo ; tous les visages sont recueillis, graves, anxieux, mais résolus, et la même phrase est dans la bouche de chacun : « Puisqu'il faut un jour ou l'autre en arriver là, autant aujourd'hui que demain ; nous sommes prêts. » « C'est pour cette nuit », dit-on, après un coup de téléphone du sous-préfet, le 30 au soir. La nuit passe : aucune nouvelle. Le 31 s'écoule encore sans que la digue qui retient la mer de sang prête à tout envahir soit encore rompue. Enfin, le 1er août à 5 heures du soir, le gendarme arrive. Le fameux pli est décacheté par M. le Maire, ému ; les affiches se préparent hâtivement, fébrilement. Le tambour bat. Le tocsin sonne. L'heure du sacrifice, l'heure des larmes est venue ; mais cette heure est aussi l'heure sublime qui marque, avec la fin d'une époque, l'aurore d'une ère nouvelle. [...] Tous sans exception sont partis immédiatement et sans délai, l'ouvrier, l'employé, le commerçant, le rentier et le besogneux, l'homme honnête et l'homme taré. [...] Le son du clairon avait converti subitement chaque citoyen en un soldat. [...] Pendant des jours et des jours, nous avons vu défiler en gare des théories d'hommes jeunes et forts, accompagnés de femmes et d'enfants ; les uns chantaient, d'autres bravaient ; d'autres plus graves marchaient silencieusement donnant la main à leurs enfants mais aucun d'eux n'était hésitant.

Pierre FERRIER

À 15 ans, Édouard Cœurdevey est placé comme valet de chambre chez le sénateur Bernard pour soulager la pauvreté d'une famille de sept enfants dans une ferme du Doubs... Il finit par devenir instituteur, avant d'obtenir une licence de lettres et d'allemand. Édouard a 32 ans en 1914.

L'ordre de mobilisation. À Verne, le tambour sur la place, la pâleur angoissée d'Émilienne, les larmes des femmes, le silence des hommes qui se contiennent pour ne pas pleurer. La journée de moisson interrompue (9 heures du soir). Le retour des champs de ma mère. L'épouvante et les cris. Le départ – l'adieu de Jules Curty, il embrasse fiévreusement tous ceux qu'il rencontre, vite avec une voix étranglée. Le vide du village, le lundi matin. À la gare – le calme résigné de tous ces hommes qui ont quitté leurs femmes, leurs enfants, leurs moissons, leur maison, avec le sentiment que la guerre les fauchera tous – et pourtant ils craignent d'être en retard d'une heure, ils se pressent vers le train. L'au revoir de mon frère Louis, il ne parle ni ne pleure, mais dans ses yeux je lis tout le regret d'abandonner à mi-œuvre le relèvement si bien commencé du foyer. Pauvre Louis. À Besançon – la ville grouille d'hommes, les femmes semblent résignées et calmes. À la caserne, la longue attente. Les hommes sont rongés par l'ennui, l'attente. Ils veulent être vite et tous habillés, et partir. L'adieu long, déchiré, sanglotant de Camille. Elle est brave et voudrait ne pas pleurer. Le dernier bock – le train pressé, pressant. Dans le train vers Dôle – les hommes sont joyeux – mais la pensée de la séparation les hante : « Les gosses, ça vous fait bien plus de les quitter que la femme », dit l'un. Nous croisons tous les quarts d'heure des trains. C'est l'artillerie et l'infanterie du corps d'armée de Grenoble : « Tout le Midi monte ! », nous crie un homme d'un train pavoisé. Ils ont des caricatures de Guillaume – tête de porc coiffée du casque. Ils raillent avec des expressions rabelaisiennes : « ... me ferai un porte-monnaie avec... »

Édouard Cœurdevey

Un à un, sans arrêt, des mobilisés entraient dans l'enclos. Ils se ressemblaient. Ils étaient tous jeunes. Ils avaient tous mis de vieux vêtements sacrifiés, de grosses chaussures, une casquette. Ils portaient en bandoulière les mêmes sacoches gonflées, les mêmes musettes neuves d'où émergeaient un pain, un goulot de bouteille. Et la plupart avaient sur le visage la même expression concentrée et passive, une sorte de désespoir et de peur, matés, [...] leur livret à la main, déjà seuls. À mi-chemin, certains se retournaient vers le trottoir qu'ils venaient de quitter : un geste de la main, parfois un bref sourire crâneur, à celui ou à celle dont ils sentaient le regard éperdu fixé sur eux ; puis, la mâchoire serrée, ils fonçaient à leur tour dans la souricière.

Roger Martin DU GARD, *L'Été 14*

La chasse aux espions

Mobiliser les hommes ne suffit pas. Il faut mobiliser les nerfs et les esprits, entraîner dans la guerre l'ensemble de l'opinion publique pour laquelle la diabolisation de l'Allemand ne tombe pas forcément sous le sens. Dans la France de 1914 où l'Anglais reste le bourreau de Jeanne d'Arc, seuls les habitants de Paris, du nord et de l'est de la France ont connu les rigueurs de la guerre avec la Prusse. Le contentieux qui oppose la France à l'Allemagne tourne depuis 1871 autour de l'annexion de l'Alsace et de la Lorraine et fait l'objet d'une propagande revancharde pendant la Belle Époque. Elle va rebondir avec la déclaration de guerre. Il faut aller beaucoup plus loin : toucher les Français dans leur vie quotidienne, dans leurs habitudes alimentaires. Depuis janvier 1913, l'Action française qui ne cesse de diaboliser « l'espionnage juif-allemand » entretient une vaste campagne de dénonciation de la prétendue « société allemande Maggi-Kub » accusée d'être un nid d'espions. Dès le 1ᵉʳ août 1914, l'État français amplifie la rumeur calomnieuse avec l'aide des services secrets. Il accuse Maggi et Kub d'utiliser leurs affiches et plaques émaillées publicitaires pour baliser le parcours des troupes allemandes, en leur signalant des objectifs stratégiques. Le gouvernement ordonne la destruction de ces plaques par télégramme dès le 4 août 1914. La population bascule dans l'hystérie. On accuse l'Allemagne d'empoisonner les Français avec les bouillons Kub et le lait Maggi. Des émeutiers en profitent pour piller et saccager le vaste réseau des dépôts, des laiteries et des épiceries de la firme Maggi qui est en réalité une société suisse ! Très vite et par ailleurs, les Français ne parlent plus de « Berlingots » mais de « Parigots », d'eau de « Cologne » mais d'eau de « Pologne », de café « viennois » mais de café « liégeois »... alors que la rue de Berlin devient la rue de Liège et que l'avenue d'Allemagne devient l'avenue Jean-Jaurès !

Le 3 août, vers 3 heures de l'après-midi, une vieille dame vêtue de noir, coiffée d'une capote ornée de roses et dont les larges brides formaient un nœud sous le menton, s'approcha du laboratoire de la Société Maggi, rue Rochechouart. Levant un parapluie solidement emmanché, elle frappa de toutes ses forces une grande glace de la vitrine qui s'écroula. Le fracas des vitres brisées accrut sa surexcitation, et elle se mit à cogner à tour de bras en criant : «À bas les Allemands!» Des badauds s'attroupèrent; les voisins sortirent des immeubles. Tout en continuant son œuvre de destruction, la vieille dame expliquait : «Les directeurs de la Société Maggi sont des espions allemands! Hier, la police a surpris l'un d'eux à la gare du Nord au moment où il allait prendre le train pour Berlin en emportant une caisse contenant 8 millions en or.» Les assistants les plus proches, qui reçurent cette effroyable révélation, la transmirent aux autres en doublant le chiffre. Les 8 millions, rapidement capitalisés par des cerveaux échauffés, s'élevèrent à 40 millions. Une douzaine de jeunes gens débouchèrent de la rue Condorcet. Ils chantaient *La Marseillaise* et conspuaient l'Allemagne. La vieille dame leur communiqua son ardeur dévastatrice. Ils se mirent en quête de projectiles. Un tas de pavés et de pierres oublié sur le trottoir par des terrassiers leur en fournit en abondance. Les curieux s'en mêlèrent. En quelques instants, toutes les glaces de la vitrine furent fracassées. Les bocaux, flacons, éprouvettes et autres accessoires de laboratoire rangés à l'intérieur devinrent les buts d'un jeu de massacre. Des agents arrivèrent, conduits par un officier de police. Au bout de trois heures de faction, ce dernier donna l'ordre du départ. Cinq ou six gardiens de la paix restèrent là pour maintenir une foule qui s'était rapidement grossie de tous les passants. La manifestation reprit avec plus de violence. Par une des brèches ouvertes, un jeune homme pénétra dans le bureau du laboratoire et jeta au-dehors fauteuils, chaises et tables. On en fit un tas au milieu de la petite place formée par le croisement des rues Rochechouart et Condorcet. Les feuilles des livres de comptabilité de la maison servirent d'allume-feu. Autour du brasier, hommes, femmes, enfants dansèrent une ronde en chantant *La Marseillaise*. Dans la soirée et pendant la nuit, toutes les boutiques portant l'enseigne du «Bon Lait Maggi» subirent le sort du laboratoire.

Jean Aubry et Raymond Séries, *Les Parisiens pendant l'état de siège*

Extrême urgence. Intérieur Sûreté à Préfets.

Prière faire détruire complètement affiches du Bouillon Kub placées le long des voies ferrées et particulièrement aux abords des ouvrages d'art importants, viaducs, bifurcations, etc.

Télégramme

Mirande, 5 août 1914

Il y a un service d'espionnage inimaginable. Partout le service des ponts et chaussées a fait enlever les panneaux réclame de bouillon KUB qui étaient, on s'en est aperçu, des indications stratégiques. À la pension des officiers d'Auch tout le personnel arrêté.

Henri «ALAIN-FOURNIER» à sa maîtresse Pauline LE BARGY

Les volontaires

Après la guerre de 1870, la France comme l'Allemagne ont besoin de fonder leur légitimité. En France, la république succède à l'empire. En Allemagne, la monarchie impériale vient piloter un État fédéral. Les États poussent leurs peuples à défendre la patrie. On cultive l'esprit de revanche grâce aux contentieux territoriaux et coloniaux. On attise la xénophobie pour resserrer l'idée d'une identité et d'une supériorité nationale. Les valeurs portées par l'éducation – sens du sacrifice, du devoir, de l'effort, de l'héroïsme et de la loyauté – rendent la jeunesse ouverte à l'engagement. Chacun voit la morale, religieuse ou laïque, de son côté et le principe d'une guerre paraît juste. Portés par cet élan, des adolescents, dont le plus jeune a 15 ans, des réformés, des vétérans de la précédente guerre que leur âge écarte de la mobilisation générale, provenant de toutes les classes de la société, s'engagent volontairement, en trichant parfois sur leur âge. Au total, en France, ce sont 45 000 volontaires qui rejoignent les rangs des mobilisés au cours du conflit.

1914 : Jeanne de Longevialle est la veuve d'un vétéran de la guerre de 1870, mort en 1911. Elle a quatre filles et dix fils – Robert, Joseph, Louis, Jean, Albert, Antoine, André, Maurice, Guérin et Guy –, tous mobilisés. Tous sont cités et décorés ; deux sont blessés, cinq vont être tués, âgés de 24 à 35 ans.

Bellevue, le 29 juillet 1914
Mon cher Joseph,
Je reçois ta lettre ce matin. Nous nous préparons tous aux pires événements ! Je vois que tu es prêt aussi ! Espérons que le bon Dieu aura pitié de nous ; l'épreuve sera terrible, mais il n'arrivera que ce que le bon Dieu voudra. Je vous confie tous à lui, fais ton devoir, mon cher petit : c'est ce que j'écris à tous. Soyez prêts à paraître devant Dieu et purifiez votre âme avant de partir par une bonne confession. Mon pauvre Maurice m'écrit ce matin

qu'ils sont prêts à Belfort à endosser leurs effets de guerre ; il s'est confessé, a fait le sacrifice de sa vie, le pauvre garçon m'a fait ses adieux… Guérin se prépare aussi. Loulou croit que tout s'arrangera, mais je crains qu'il ne se trompe… En cas de mobilisation, il me laissera sa femme et son enfant ; Marguerite restera là aussi. […] Nous avons eu hier à déjeuner notre curé avec M. Dillet, qui viendra remplacer notre curé qui part aussi en cas de mobilisation. Que d'épreuves nous attendent ! Après la guerre, la révolution peut-être ! Enfin, à la grâce de Dieu, que sa volonté soit faite ! Qu'il renouvelle la face de la terre et sauve notre beau pays !

Adieu, mon Joseph. Je te bénis en t'embrassant, toi le meilleur des fils qui ne m'a jamais donné que des consolations. Je te confie à ton bon ange. Écris-moi le plus possible.

Ta mère qui t'aime.
Jeanne DE LONGEVIALLE

P-S : J'écris à André et lui dis qu'il te parle par téléphone pour ses 28 jours qu'il voudrait faire retarder, mais s'il y a mobilisation, tout est changé…

Lazare Silbermann est le patron et l'unique employé de sa petite entreprise de tailleur pour dames. Avant de s'engager volontaire pour remercier son pays d'accueil, cet immigré ressent le besoin d'écrire une lettre testament à son épouse Sally, réfugiée roumaine comme lui, et à ses quatre enfants en bas âge…

15 rue Martel
Paris, le 7 août 1914
Ma chère Sally,
Avant de partir faire mon devoir envers notre pays d'adoption, la France que nous n'avions jamais eue à nous plaindre, il est de mon devoir de te faire quelques recommandations car je ne sais pas si je reviendrai.

En lisant cette lettre, bien entendu, je n'y serai plus, puisqu'il est stipulé qu'il ne faut pas ouvrir la lettre qu'après ma mort

1) tu trouveras dans le coffre-fort quatre lettres que tu les remettras à qui de droit

2) tu trouveras un papier timbré de mon actif et de mon passif où il est bien stipulé que tu es avec nos chers enfants les seuls héritiers du peu malheureusement qu'il reste de moi

[...] Bien sûr ma chère je sais que je te laisse dans la misère car tout cela présente beaucoup et en réalité ne présente rien. Je te laisse un gros fardeau que d'élever quatre petits orphelins que pourtant j'aurais voulu les voir heureux car tu le sais que je n'ai jamais rien fait pour moi. J'ai toujours pensé te rendre heureuse ainsi que nos chers petits. J'ai tout fait pour cela et pour finir, je n'ai pas réussi ce que j'ai voulu.

Je te remercie pour les quelques années de bonheur que tu m'as données depuis notre mariage hélas trop court, et je te prie d'avoir du courage, beaucoup de courage pour élever nos petits chérubins en leur inspirant l'honnêteté et la loyauté, en leur donnant l'exemple par toi-même, et je suis sûr qu'il ne te manquera pas de courage. Parle-leur toujours des sacrifices au-dessus de ma situation que j'ai faits pour eux et qu'ils suivent mon exemple. Quant à toi je crois qu'il te restera des bons souvenirs de moi. Nous nous avons aimés jusqu'à la fin et c'est ce souvenir et celui de ma conduite envers toi et envers tout le monde qui te donnera du courage de supporter le gros fardeau que je te laisse. Une dernière fois, je t'engage à bien sauvegarder l'honneur de nos chers enfants en leur donnant de bons exemples et je suis sûr que cela répondra comme un écho quand le moment arrivera. Je t'embrasse une dernière fois.

Ton compagnon de bonheur et de malheur,
Lazare

Mes chers petits enfants,

J'ai une suprême recommandation à vous faire. Aujourd'hui, vous êtes petits ; demain vous serez grands. Prenez en considération ce que je vous écris. Respectez votre maman ; obéissez-lui sans cesse car c'est elle qui a la lourde charge de la mère et du père. Prenez l'exemple de nous. Aimez-vous, soyez loyaux et honnêtes, et vous serez heureux en ayant votre conscience tranquille. C'est à toi Rosette ma chère enfant de donner l'exemple à Ernestine ta petite sœur et à Jean et Charles tes petits frères pour que vous preniez tous le bon chemin. Soyez tous bons enfants. [...] Que mes larmes que je verse en faisant cette lettre vous inspirent de faire tout ce que je voudrais et que vous deveniez tout ce que je vous souhaite.

Gardez précieusement cette lettre ; souvenez-vous de votre malheureux père et suivez ses conseils.

Lazare SILBERMANN

P-S : Surtout respectez votre maman. Évitez-lui tout chagrin qu'il pourra lui se présenter. Adoucissez-lui sa vie et faites-lui oublier tout ce qu'il pourra se présenter comme amertume dans la vie.

11 novembre 1914

Un inévitable d'honneur, de loyauté, de patriotisme et de vertu. Des voix venues de partout, du ciel, de la terre, du passé, du présent, de l'avenir, de nous-mêmes, de nos morts renseignés, nous faisaient comprendre en nous parlant qu'il *fallait* les écouter, que pour l'établissement même de la paix, de la paix sûre, universelle, et longue que nous désirions avec tant d'amour, il était indispensable qu'auparavant nous buvions le calice de cette guerre sainte, qui serait la dernière ! La dernière guerre ! Terrible et magnifique phrase ! Affreuse et consolante à la fois ! Ah ! Pourquoi cependant la formuler ? Pourquoi la guerre ? Et pourquoi *une dernière* ? N'était-ce pas trop qu'il y en eût une encore ? Une de plus ? La dernière ! La dernière ! pour un siècle au moins ! On ne peut acheter ce suprême bien que par un suprême sacrifice. Tout le réclame. Votre salut n'est qu'à ce prix…

Henri LAVEDAN, *L'Illustration*

Le soldat de 1916 ne se bat ni pour l'Alsace, ni pour ruiner l'Allemagne, ni pour la patrie. Il se bat par honnêteté, par habitude et par force. Il se bat parce qu'il ne peut faire autrement. Il se bat ensuite parce que, après les premiers enthousiasmes, après le découragement du premier hiver, est venue, avec le second, la résignation.

Louis MAIRET

14 septembre 1916

Parfois, dominant mon angoissante détresse, je me dis que la mort de mon Paul bien-aimé aura contribué au rachat et à la victoire de la France et que son nom auréolé d'une gloire immortelle sera inoubliable au cœur de ceux qui ont vécu ce duel gigantesque qui met à feu et à sang les nations de l'Europe… […] Ne voilà-t-il pas qu'à l'âge d'or, il fait à la Patrie, sans marchander, avec élan et bonheur, le sacrifice allègre de sa jeune et belle vie !

Lucie VALLE

Henry Lange appartient à une famille juive, naturalisée française depuis environ un siècle. Il estime avoir une dette envers la France et un double devoir à accomplir: celui de Français et de «nouveau Français». Engagé volontaire à 17 ans dès 1914, d'abord versé dans l'artillerie, il intervient auprès de son général pour être plus exposé dans l'infanterie. Il meurt le 10 septembre 1918 à la tête de sa section. Il vient d'avoir 20 ans.

Le 6 septembre 1917

Mon Général,

Je me suis permis de demander à passer dans l'infanterie pour des motifs d'ordre personnel. Mon cas est en effet assez différent de celui de la plupart des combattants. Je fais partie d'une famille israélite, naturalisée française, il y a un siècle à peine. Mes aïeux, en acceptant l'hospitalité de la France, ont contracté envers elle une dette sévère; j'ai donc un double devoir à accomplir: celui de Français d'abord; celui de nouveau Français ensuite. C'est pourquoi je considère que ma place est là où les «risques» sont les plus nombreux. Lorsque je me suis engagé, à 17 ans, j'ai demandé à être artilleur sur la prière de mes parents et les conseils de mes amis qui servaient dans l'artillerie. Les «appelés» de la classe 1918 seront sans doute envoyés prochainement aux tranchées. Je désire les y devancer. Je veux après la guerre, si mon étoile me préserve, avoir la satisfaction d'avoir fait mon devoir, et le maximum de mon devoir. Je veux que personne ne puisse me contester le titre de Français, de vrai et de bon Français. Je veux, si je meurs, que ma famille puisse se réclamer de moi et que jamais qui que ce soit ne puisse lui reprocher ses origines ou ses parentés étrangères. J'espère être physiquement capable d'endurer les souffrances du métier de fantassin et vous prie de croire, mon Général, que de toute mon âme et de tout mon cœur je suis décidé à servir la France le plus vaillamment possible.

Veuillez agréer, mon Général, l'assurance de mon profond respect et de mon entier dévouement.

Lettre d'Henry LANGE à ses parents

5 octobre 1917

[...] Non je n'aime pas la guerre ; et je ne voudrais pas qu'un jour quelqu'un pût dire que les combats s'écrivent ainsi qu'une partie de football ou de tennis. Je suis décidé à être un bon soldat très brave et j'ai la prétention de m'être déjà bien comporté au feu parce que c'est mon devoir et par amour de l'idéal : depuis deux ans, je me suis mis « au service de l'idéal », au service d'un certain nombre d'idées telles que celles-ci : tout jeune homme doit s'engager, dès que son âge le lui permet, et si sa santé n'est pas trop faible, un engagé doit rester au dépôt le maximum de temps possible. À 19 ans, on doit être fantassin quand on est français, et qu'on est jeune et fort, on doit être heureux et fier de pouvoir défendre sa patrie. Quand on est français de date récente, et surtout quand on fait partie de cette race juive méprisée et opprimée, on doit faire son devoir mieux que personne. Et puis il faut bien que dans une famille où il y a des Meyer, des Bloch et des Schmidt, il y ait quelqu'un qui se batte pour de bon ! Je n'aime pas la guerre, mais je n'en souffre nullement, ni au physique, ni au moral. Je suis très heureux (car je suis une bonne poire) à l'idée qu'à la fin de la guerre je pourrai être satisfait de moi, mais sais fort bien que personne, quelques mois après la signature de la paix, ne différenciera ceux qui se seront battus de ceux qui se seront reposés... ceci n'a d'ailleurs aucune importance : j'agis égoïstement pour moi, pour vous, et pour l'idéal.

Je n'ai pas de lettre de vous aujourd'hui.

Je suis toujours embusqué et sans doute pour quelques mois encore,

All perfect

À vous,

Henry LANGE

L'été sanglant

Août 1914. C'est la guerre de mouvement. L'armée française se lance dans une grande offensive en Lorraine, la 1re armée sous les ordres du général Dubail vers Sarrebourg, la 2e armée sous les ordres du général de Castelnau vers Morhange. Le Kronprinz Rupprecht de Bavière attend les Français de pied ferme. L'armée allemande les décime : ses canons et ses mitrailleuses abattent comme au champ de foire les milliers de fantassins qui chargent à la baïonnette, visibles dans leurs pantalons rouges. Cependant, les armées françaises pénètrent d'une vingtaine de kilomètres en territoire ennemi avant de s'arrêter. Le 20 août, l'armée allemande contre-attaque. Le 25 août, le général Foch ordonne la retraite générale. La 2e armée française succombe sous les balles allemandes et sous les obus de sa propre artillerie. C'est l'hécatombe : 25 000 morts par jour pour la Lorraine. Le général Joffre donne des consignes pour autoriser les inhumations en fosses communes, jusqu'à cent corps par fosse. À la fin de l'année 1914, l'armée française a perdu 300 000 hommes.

Les champs tout couverts de cadavres français témoignèrent de l'horrible moisson que la mort avait faite parmi eux. Tout se dirigeait vers la position principale, d'où un feu meurtrier dissimulé de l'artillerie cherchait à arrêter nos braves troupes. Peine inutile ! On avançait avec une impétuosité irrésistible, grimpant les hauteurs, et sous ce coup et le feu énergique de l'artillerie allemande, l'ennemi quitta sa position principale sur toute la ligne. De Vergaville à Dieuze, la route était criblée de cadavres français, de fusils Lebel et de sacs, que les fugitifs avaient jetés pour ne pas être gênés dans leur fuite.

Saarbrücker Zeitung, 27 août 1914

Jules-Ernest Edmond Druesne a 48 ans en 1914. Cet adjudant, militaire de carrière et jeune retraité de l'armée en 1902, est rappelé sous les drapeaux en 1914. Il participe à la bataille de Morhange, en tant que porte-drapeau de son régiment. Le lieutenant Druesne survit au massacre de Morhange, mais pas à la bataille des Flandres qui commence en octobre. Il meurt à Bixschoote le 22 décembre 1914, laissant sa femme Cécile, son fils Gustave, âgé de 14 ans, et son autre fils, Robert, combattant en tant que médecin dans les tranchées. Le général de Castelnau, qui dirige la 2e armée et dont Jules a été le secrétaire en 1901, écrit personnellement à sa veuve pour évoquer sa tristesse à la mort de son compagnon.

Lettre de Jules Druesne à sa femme Cécile

Saint-Nicolas-de-Port, le 24 août

Oui, ma chérie, c'est de Saint-Nicolas-de-Port que je t'écris alors que je t'ai déjà fait parvenir de mes nouvelles de la Lorraine annexée. Je ne fais là que des manœuvres exigées par la tactique, à vrai dire au 37e en particulier nous avons été un peu vite. Nous sommes allés nous buter à Morhange sur un adversaire abrité par des travaux aménagés de telle façon que seule la gueule du canon et des fusils passait de sorte que nous étions foudroyés sans savoir par qui. C'est ce qui a occasionné le revirement en arrière. D'autre part, nous n'avons pas été soutenus par les fameux régiments du Midi. Quelles sales fripouilles ! Ils sont insultés ici, c'est épouvantable. Avant-hier, on a envoyé le 37e encore relever le 173e (des Corses et des Marseillais). En passant devant une section commandée par un sous-lieutenant qui n'attendait même pas notre arrivée pour filer et il lui dit devant tout le monde : « Où allez-vous comme cela ? » – « Les hommes n'ont pas dormi cette nuit, dit-il, ils vont se reposer ! » – « Bougre tas de cochons, ai-je rugi, mais voilà trois nuits que nous passons ainsi et c'est comme ça depuis quinze jours. » Là-dessus mes hommes vidèrent leur répertoire, ceci est vraiment triste, il est vrai j'en ai pleuré. J'ai passé une nuit, l'avant-dernière sur une hauteur en dessous de Crévic qui brûlait. Quelle tristesse, tu m'as dit que Charles Colin était mort de frayeur, je ne sais si c'est vrai. Malgré tout cela, ma chérie, il souffle un vent de confiance que rien ne peut ébranler. À chaque instant nous avons des convois de blessés prussiens et de prisonniers qui nous arrivent. Ce qui explique un [illisible] de démoralisation.

Nous sommes bien placés ici pour les démolir et les empêcher de passer la Meurthe. J'ai répondu à Robert, naturellement je ne puis lui donner tous les détails puisque les enveloppes doivent être ouvertes et que l'on n'hésiterait pas à m'envoyer au conseil de guerre si j'enfreignais aux ordres donnés. C'est d'ailleurs long et difficile à expliquer que l'on soit obligé de sacrifier des localités françaises pour permettre de mettre à l'abri l'existence des soldats. Et cependant c'est logique ; ils sont tellement maladroits avec leur artillerie que vraiment ce serait trop bête d'aller au-devant comme on vient de le faire. Il vaut mieux les attendre. Malheureusement je crains que nous ne soyons pas compris des populations. [...] Combien, après cette épreuve, allons-nous être heureux ! Je t'embrasse Chérie avec Loulou, ne t'inquiète pas à mon sujet sois forte et partage mon espoir inaltérable. On commence à dire que le 37e et le 4e bataillon des chasseurs ont bien mérité du pays.

Ton Jules

Lettre du général de Castelnau à Cécile Druesne

Le 15 mars 1915

Madame,

J'ai appris avec la plus vive émotion la mort de mon ami le lieutenant Druesne. Je vous plains de toute mon âme et je pleure avec vous l'homme si généreusement dévoué qui a été votre cher mari. Nous avons vécu la même vie pendant plusieurs années, vous le savez et dans ce commerce de tous les jours j'avais pu apprécier la délicatesse de ses sentiments, la richesse de sa nature ardente, profondément honnête et portée comme d'instinct vers le bien. C'était une âme d'élite, un vrai et noble fils de cette terre de France pour laquelle il a consenti le sacrifice de sa vie, la cruelle séparation dont vous souffrez si cruellement et si légitimement. Que la certitude de le retrouver là-haut au Ciel qui lui a déjà ouvert ses portes soit votre consolation. Que vos enfants soient à l'image vivante de leur père dont ils étaient la constante pensée. Et que leur tendresse soit un allégement à votre deuil.

CASTELNAU

La mort des poètes

Charles Péguy, Alain-Fournier. Le poète et l'écrivain. En 1914, ils sont tous deux célèbres, amis depuis quatre ans, malgré treize ans de différence. Leur prose et leurs vers sont d'un ineffable humanisme. Tout comme Alain-Fournier, Charles Péguy hait la guerre, qui n'est que « désespoir et perdition », vénère la liberté. C'est sans doute ce qui pousse les deux écrivains à se battre et à défendre leur patrie jusqu'à en mourir, comme pour échapper aux fausses libertés égoïstes et matérialistes du monde moderne et formaté qui commence à se profiler à l'aube du XXᵉ siècle, aux mythes du progrès, de la science et des totalitarismes de la pensée commune, à l'« universalisme facile » qui porte déjà – sous les apparences du pangermanisme – les germes de la mondialisation et de l'impérialisme économique. Les deux « bons apôtres » tombent en héros, broyés par la Première Guerre mondiale à dix-sept jours d'intervalle.

« Ah mon Dieu, mes enfants » : ce sont les derniers mots de Charles Péguy qui laisse en tombant au combat quatre orphelins dont un à naître. À 41 ans, l'écrivain part en campagne dès la mobilisation d'août 1914. Ses hommes ignorent tout de son renom, de sa qualité de poète et d'homme de lettres. Le samedi 5 septembre 1914, à la bataille de la Marne, le lieutenant Péguy et son capitaine précèdent, pistolet au poing, les hommes de leur compagnie dans une charge à la baïonnette. Ils progressent sans casque et vêtus de pantalons rouges dans un champ d'avoine non fauché sous les balles des mitrailleuses allemandes. Sept mille Français affrontent plus de quinze mille Allemands sur un front de sept kilomètres. Péguy tombe après son capitaine, fauché par les mitrailleuses allemandes.

Vous en avez tant mis dans le secret des tombes,
Le seul qui jamais plus ne sera dévoilé,
Le seul qui de jamais ne sera révélé,
De ces enfants tombés comme des hécatombes,

Offerts à quelque dieu qui n'est pas le vrai Dieu,
Frappés sur quelque autel qui n'est pas holocauste,
Perdus dans la bataille ou dans quelque avant-poste,
Tombés dans quelque lieu qui n'est pas le vrai Lieu.

Vous en avez tant mis au fond des catacombes,
De ces enfants péris pour sauver quelque honneur.
Vous en avez tant mis dans le secret des tombes,
De ces enfants sombrés aux portes du bonheur.

[…]

Heureux ceux qui sont morts car ils sont retournés
Dans la première argile et la première terre.
Heureux ceux qui sont morts dans une juste guerre
Heureux les épis mûrs et les blés moissonnés.

Charles PÉGUY, *Ève*

Pour un blessé qui se traîne au long des routes, pour un homme que nous ramassons au long des routes, pour un enfant qui traîne au bord des routes, combien la guerre n'en fait-elle pas, des blessés, des malades, et des abandonnés, de malheureuses femmes, et des enfants abandonnés; et des morts, et tant de malheureux qui perdent leur âme. Ceux qui tuent perdent leur âme parce qu'ils tuent. Et ceux qui sont tués perdent leur âme parce qu'ils sont tués. Ceux qui sont les plus forts, ceux qui tuent perdent leur âme par le meurtre qu'ils font. Et ceux qui sont tués, celui qui est le plus faible, perdent leur âme par le meurtre qu'ils subissent, car se voyant faibles et se voyant meurtris, toujours les mêmes faibles, toujours les mêmes malheureux, toujours les mêmes battus, toujours les mêmes tués, alors les malheureux ils désespèrent de leur salut, car ils désespèrent de la bonté de Dieu. Et ainsi, de quelque côté qu'on se tourne, des deux côtés c'est un jeu où, comment qu'on joue, quoi qu'on joue, c'est toujours le salut qui perd, et c'est toujours la perdition qui gagne. Tout n'est qu'ingratitude, tout n'est que désespoir et que perdition.

CHARLES PÉGUY, *Le Mystère de la charité de Jeanne d'Arc*

Vendredi 21 août 1914

Eh bien, mon fidèle maître et ami, nous sommes dans la main de Dieu. Si je ne reviens pas vous vous occuperez de ma femme et de mes enfants. Mon adresse est M. Péguy lieutenant à la 19ᵉ compagnie, 276ᵉ régiment d'infanterie. Rien de plus.

Lettre du lieutenant PÉGUY à son ami
le pasteur Jules-Émile ROBERTY

La mort du Grand Meaulnes

Henri-Alban Fournier n'a pas 28 ans lorsqu'il écrit à sa maîtresse Pauline Benda, alias Madame Simone, quatre jours après sa mobilisation. Pauline a dix ans de plus que lui. Elle est l'épouse de Claude Casimir-Perier, fils du président de la République dont Fournier était devenu le secrétaire grâce à Charles Péguy. L'écrivain voulait épouser Pauline après la guerre, mais elle restera son dernier amour. Après six semaines de combat, il est tué d'une balle en plein cœur le mardi 22 septembre 1914 lors d'une embuscade près de Saint-Rémy-la-Calonne, dix-sept jours après Péguy. Voulant « faire son devoir » l'auteur du Grand Meaulnes *avait refusé toutes les protections qui lui étaient généreusement proposées.*

Henri « ALAIN-FOURNIER » à sa maîtresse Pauline
Mirande, 5 août 1914

Ma femme, je suis très las. Je commence à m'ennuyer infiniment de n'avoir rien de toi. Il est vrai que tout est désorganisé dans le service des postes. Depuis 5 h 30 ce matin, je suis sur pied à habiller et équiper des hommes. Notre capitaine est décidément assommant et contribue à ma fatigue. Je suis très abruti déjà. Je vis dans un monde tout rétréci qui ne va pas plus loin que le harnachement, les capotes et les gamelles des 60 hommes que je commande. Tu ne croirais pas que je m'occupe à peine des nouvelles tant je me sens déjà endurci et fataliste. [...] La nouvelle officielle de la déclaration de guerre hier soir à 10 heures par le tambour public soulevait de la foule des réservistes massés sur la place d'immenses acclamations. Mais qu'est-ce que cette attitude mesquine de l'Angleterre. Va-t-elle s'en tenir à son rôle de 70? Garder le pas de Calais? Ne profitera-t-elle pas enfin de cette occasion d'avoir ce geste qui ne soit ni intéressé ni hypocrite? Je n'ai jamais eu très grande confiance. D'ailleurs nous nous battrons bien sans ces faces roses, sans ces Roastbeafs!

Mon amour, je suis triste, fatigué. Je suis seul. Je voudrais aller me battre tout de suite. Il me semble que je suis au collège pour tout un semestre. Ma femme, ma femme fidèle, adorée, adorable, mon épouse devant Dieu, donne-moi ta main que je la trouve contre mon cœur toute la nuit!

Ton Henri

Je ne sais pas où est Dieu dans cette guerre parce qu'on ne peut pas expliquer l'énigme du monde mais je sais bien que je serai frappé quand il voudra comme il voudra là où il voudra.

Lieutenant Henri FOURNIER, septembre 1914

Mon cher petit

Lorsqu'ils n'écrivent pas à leurs parents, aux femmes de leur vie, à leurs marraines de guerre, à leurs amis, les poilus écrivent à leurs enfants. Pour ne pas les affoler, ils choisissent des cartes qui représentent des enfants sages, évitent si possible les images morbides ou grivoises, mais acceptent la propagande patriotique des cartes de l'époque. Ils parlent à leurs enfants de leurs devoirs et de leurs résultats scolaires, du respect qu'ils doivent à leur mère, de projets familiaux, et cherchent à combler la plaie de l'absence et du temps meurtrier qui n'en finit pas d'éclaircir leurs rangs. L'espérance de vie est si courte dans les tranchées que chaque poilu écrit toujours à ses enfants comme si sa lettre pouvait être la dernière, tel un testament.

Albert-Jean Després est né le 21 décembre 1881 à Nouan-le-Fuzelier. En 1914, il est le père d'un petit Albert âgé de 7 ans. Commerçant et secrétaire de mairie à Pierrefitte-sur-Sauldre dans le Loir-et-Cher, le lieutenant Albert-Jean va être tué le 21 avril 1918 à 37 ans au cours de la bataille des Flandres.

11 octobre 1916

Lettre à mon fils qui vient d'avoir 9 ans

Mon cher petit,

Tu viens d'avoir 9 ans, et cet âge charmant, le voici devenu le plus émouvant des âges. Trop jeune encore pour participer à la guerre, tu es assez grand pour avoir l'esprit marqué de ses souvenirs, assez raisonnable pour comprendre que c'est toi, c'est vous les enfants de 9 ans qui aurez plus tard à en mesurer les conséquences et à en appliquer les leçons.

Quelle belle vie, harmonieuse et pleine, nous vous aurons préparée là, si vous savez en effet, si vous voulez vous souvenir et comprendre ! C'est pour que tu te souviennes, mon petit, que j'accepte volontiers les angoisses de l'heure, tous les risques, et la séparation plus cruelle que tout, qui bouleverse le cher foyer où nous vivions avec ta mère, où nous t'avons tant choyé.

Et comme au temps où tu étais un «tout-petit», et où je t'assoyais sur mes genoux, pour te raconter des histoires ou te montrer de belles images, écoute, de toute ta tendresse attentive, des choses qui d'abord sembleront peut-être un peu graves, même à un grand garçon de 9 ans, mais que je serai plus tranquille de t'avoir dites, mon cher petit, assuré que, de ma bouche, tu t'y attacheras d'avantage, et tu les comprendras – oui, ton papa sera ainsi plus tranquille si, la guerre finie, il devait n'être plus là pour te les expliquer.

Tes 9 ans qui te préservent, qui te gardent à ta mère – à moi, et à la France – tes 9 ans, pourtant comme je les bénis!

Je ne me crois coupable ni de faiblesse ni de sensiblerie.

J'admire ce Général, que je connais, et qui ne porte pas le deuil de ses fils, et qui n'en parle jamais, – deux fils, toute sa tendresse et tout son orgueil, tombés le même jour, 20 ans et 19 ans, – qui ne porte pas leur deuil «pour ne pas attrister et amollir le courage de ses hommes».

Je l'admire, je ne sais pas si j'aurais la force de l'imiter.

Je t'aurais serré contre mon cœur et puis, sans larmes, sans cris, comme les autres, j'aurais attendu et coopéré.

Mais il ne me sera pas défendu de me réjouir si ce fut mon tour et non pas le tien, et si c'est moi qui suis parti, et que tu restes.

C'est, à mon sens, un des problèmes les plus poignants d'une guerre, de choisir par avance lesquels de ses défenseurs nés une nation doit offrir les premiers au sacrifice.

Je dis franchement. Un homme de 35 ans qui meurt, est un foyer détruit, avec toutes ses responsabilités et ses charges; – mais je ne puis ni m'empêcher de me demander s'il n'y a pas encore plus de tristesse lorsque ce qui est brutalement détruit, c'est l'espoir même du foyer.

Certes je sens combien, à quitter ma chère femme et mon enfant chéri, mon chagrin serait immense mais du moins par eux, j'aurais eu des années de bonheur et d'amour, et l'amertume de mes regrets ne me résumera qu'à la douceur de mes souvenirs.

Je regretterai ce que je n'ai pas fait, tout ce que j'aurais dû pouvoir faire; mais je penserai en même temps que tu es là, toi mon fils, pour me continuer, pour réaliser ce que j'avais seulement projeté ou rêvé.

La mort de l'enfant est accablante et stérile, celle du père, une mort noble comme toutes les morts d'aujourd'hui, apparaît bien au contraire exaltante et féconde.

Comprends-tu maintenant, mon petit gars, tout ce que nous avons mis en vous, nous les pères, à cette heure grave, tout ce que nous attendons de vous, fils de 9 ans, et pourquoi je dis qu'en partant les premiers nous aurions la meilleure part ? Car si Dieu ne permet pas que la fin de la guerre nous réunisse comme autrefois, au lieu du vide affreux, du morne désespoir où m'eût plongé ta perte, ma dernière pensée aura été réconfortante et douce, celle du souvenir et de l'exemple que j'aurai tâché de laisser.

Lieutenant DESPRÉS

Martin Vaillagou est né le 28 juillet 1875 dans le Quercy. Il épouse Eugénie en 1900 et vient vivre avec elle à Malakoff, près de Paris. Là, le couple fonde une entreprise de maçonnerie qui devient prospère. Deux enfants naissent : Maurice en 1904, Raymond en 1909. Mobilisé comme ses quatre frères, le soldat Vaillagou est tué avec seize autres hommes dans une embuscade au cœur d'un petit bois, dans la région de Mourmelon, le 25 août 1915. Un mois plus tard, deux de ses frères tombent au combat le même jour.

Voici pour Maurice,

Je vais exaucer les vœux à Maurice dans la mesure du possible. D'abord pour les lignes de combat, je vais tracer un plan au dos de cette feuille que tu pourras suivre et expliquer à maman à moins que maman comprenne mieux que Maurice. Pour les balles allemandes, je pourrai le faire. J'en apporterai quand je reviendrai. Pour le casque de Prussien cela n'est pas sûr. Ce n'est pas maintenant le moment d'aller les décoiffer. Il fait trop froid, ils pourraient attraper la grippe. Et puis, mon pauvre Maurice, il faut réfléchir que les Prussiens sont comme nous. Il y a des papas qui sont à la guerre et des petits enfants comme toi qui sont avec leur maman. Vois-tu qu'un garçon prussien écrive à son père la même chose que toi et qu'il lui demande un képi de Français, et si ce papa prussien rapportait un képi de Français à son petit garçon et que ce képi fût celui de ton papa ? Qu'est-ce que tu en penses ?

Tu conserveras ma lettre et tu la liras plus tard quand tu seras grand. Tu comprendras mieux. À la place du casque de Prussien, je vais t'envoyer à toi, à Raymond, maman peut les recevoir aussi, des petites fleurs de primevères que les petits enfants (garçons et filles) du pays où je suis cueillaient autrefois et qui faisaient leur joie, et que moi, le grand enfant, j'ai cueilli cette année dans leur jardin pour te les envoyer. (Je ne les vole pas, elles se perdraient tout de même.) Je vous les envoie pour que vous pensiez un peu à leur malheur de n'être plus dans leur maison. Je vois, je mets même mes ustensiles de cuisine sur un petit dodo de ces petits enfants. Il y en a là deux même que je ne peux voir sans penser à vous et les larmes aux yeux me disent que vous êtes tout de même heureux par rapport aux autres.

Suippe (Marne), le 26 août 1914
Vaillagou Martin à ses deux fils Maurice et Raymond
Mes chers petits,

Du champ de dévastation où nous sommes je vous envoie ce bout de papier avec quelques lignes que vous ne pouvez encore comprendre. Lorsque je serais revenu je vous en expliquerai la signification. Mais si le hasard voulait que nous ne puissions les voir ensemble vous conserverez ce bout de papier comme une précieuse relique ; vous obéirez et vous soulagerez de tous vos efforts votre maman pour qu'elle puisse vous élever et vous instruire jusqu'à ce que vous puissiez vous instruire vous-mêmes pour comprendre ce que j'écris sur ce bout de papier. Vous travaillerez toujours à faire l'impossible pour maintenir la paix et éviter à tout prix cette horrible chose qu'est la guerre. Ah ! la guerre quelle horreur ! villages incendiés animaux périssant dans les flammes. Êtres humains déchiquetés par la mitraille : tout cela est horrible. Jusqu'à présent les hommes n'ont appris qu'à détruire ce qu'ils avaient créé et à se déchirer mutuellement. Travaillez, vous, mes enfants, avec acharnement à créer la prospérité et la fraternité de l'univers. Je compte sur vous et vous dis au revoir probablement sans tarder

Votre père qui du front de bataille vous embrasse avec effusion.

Martin Vaillagou, soldat au 131e territorial, 5e compagnie

La relève des femmes

Dès le 7 août 1914, le président du Conseil René Viviani appelle les femmes à travailler pour remplacer les hommes mobilisés sur le front. Dans le secteur de l'armement, plus de 450 000 « munitionnettes » vont fabriquer 300 millions d'obus et plus de 6 milliards de cartouches en quatre ans. Dans l'industrie, elles exercent des métiers d'hommes : travail à la chaîne, soudure, polissage, conduite des presses et des ponts roulants. Les conditions de travail sont rudes. Il n'y a plus de limitation à la journée de huit heures, d'interdiction du travail de nuit, de repos hebdomadaire : douze heures par jour, deux jours de repos par mois. Les femmes endossent les premiers rôles dans les administrations, deviennent bouchères, boulangères, gardes champêtres, cheminots, factrices, allumeuses de réverbères, crieuses de journaux, conductrices de locomotives et de tramways. En milieu rural 3,2 millions d'ouvrières agricoles ou femmes d'exploitant prennent en main les récoltes, les labours, les moissons, les vendanges. Par ailleurs, l'État attribue une allocation aux femmes de mobilisés.

Jean-Claude Page est cultivateur à Saint-Symphorien-des-Bois (Saône-et-Loire). Francine, sa femme, prend les rênes de l'exploitation après sa mobilisation

29 avril 1916

Je vois que vous avez trouvé le beau temps et qu'il fera bon pour planter les pommes de terre. Les Boches sont de plus en plus mauvais. Il pleut des obus tout le temps.

16 juin 1916

Les ouvriers sont bien rares et d'après ce que j'entends dire, c'est chez nous qu'ils se paient le moins cher. Dans les pays de grande culture comme dans l'Allier, où sont la majorité des hommes du

298ᵉ, les domestiques gagnent jusqu'à 1 200,00 F et les journaliers demandent 12 F par jour. Si vous pouvez en trouver un, il ne faudra donc pas trop regarder au prix. Tant pis si ça perd cette année, à l'avenir on tâchera de se rattraper… J'espère de plus en plus que la guerre sera finie dans quelques mois ou tout au moins qu'il y a aura un armistice. Quant à avoir une permission agricole il ne faut pas y compter. Quand on est aux tranchées, il est difficile d'en sortir.

8 juillet 1916

J'étais content que tu aies pu trouver des ouvriers pour te soulager. Je vois que tu n'as pas eu tes émigrés longtemps et je te plains bien mais en revanche d'après ce que j'ai vu hier dans un article de journal je crois qu'on ne va pas encore appeler les cultivateurs qui devaient partir le 1ᵉʳ août, peut-être que tu pourras garder Marius un peu plus de temps, jusqu'à la moisson… Mais après ?

12 septembre 1916

Je te fais tous mes compliments de ton entente à l'élevage et au commerce. Te voilà bien passée maîtresse fermière toi qui prétendais autrefois être incapable de t'occuper de ces choses-là. Je me demande parfois si vous n'allez pas nous trouver encombrants après la guerre… On tâchera de se faire tout petit.

24 juillet 1917

Par ce temps-là les blés doivent mûrir, ici on commence à moissonner. Je pense bien que vous n'allez pas tarder non plus.

Jean-Claude PAGE

Après sa rencontre avec Jaurès alors qu'elle n'a que 18 ans, Marcelle Marquès décide de devenir écrivain, journaliste et militante. Elle ne cesse de soutenir la cause des femmes, la paix et un socialisme humanitaire. En 1916, elle publie son premier ouvrage sous le nom de Marcelle Capy, préfacé par Romain Rolland, Une voix de femme dans la mêlée.

Les hommes sont partis en masse et cependant les récoltes ont été ramassées, les terres labourées, les administrations fonctionnent, les tramways marchent, le métro n'est pas interrompu. Tout va. C'est un miracle. Vivent les Françaises! Leurs maris sont au front, elles veulent toutes travailler et elles sont tellement héroïques qu'elles donnent leur sang au plus vil prix. Que de misère il couvre ce beau mot d'héroïsme. Partout on a baissé les salaires. Regardez les ouvrières qui travaillent pour l'armée. Elles gagnent 0,15 F – 0,20 F de l'heure. Les chemises de soldats payées par l'intendance 0,55 F pièce sont payées à l'ouvrière 0,20 F. Les intermédiaires amassent des fortunes demain ou après-demain. Il faudra bien que la paix revienne. La nécessité sera encore plus implacable pour les femmes… Il leur faudra lutter pour conquérir leur pain coupé par la censure. L'ouvrière, toujours debout, saisit l'obus, le porte sur l'appareil dont elle soulève la partie supérieure. L'engin en place, elle abaisse cette partie, vérifie les dimensions (c'est le but de l'opération), relève la cloche, prend l'obus et le dépose à gauche. Chaque obus pèse sept kilos. En temps de production normale, 2 500 obus passent en onze heures entre ses mains. Comme elle doit soulever deux fois chaque engin, elle soupèse en un jour 35 000 kg. Au bout de trois quarts d'heure, je me suis avouée vaincue. J'ai vu ma compagne toute frêle, toute jeune, toute gentille dans son grand tablier noir, poursuivre sa besogne. Elle est à la cloche depuis un an. 900 000 obus sont passés entre ses doigts. Elle a donc soulevé un fardeau de 7 millions de kilos. Arrivée fraîche et forte à l'usine, elle a perdu ses belles couleurs et n'est plus qu'une mince fillette épuisée. Je la regarde avec stupeur et ces mots résonnent dans ma tête: «35 000 kg.»

[…]

Depuis que le sang coule, les chevaliers de la civilisation latine ont jeté aux orties le vieux froc des délicatesses françaises. Ils sont de l'Académie ou ils y aspirent et ils encombrent les feuilles bienpensantes de leurs ineptes rengaines. Ces Français, qui se disent si fiers d'être de France, ne savent même pas en avoir l'esprit. Il n'est pas jusqu'à cette tradition qu'on appelait la «galanterie française», qui n'ait, elle aussi, reçu le coup de grâce.

Après avoir mangé du «Boche» à toutes les sauces, ces messieurs de la grande presse s'en prennent maintenant aux femmes allemandes. Et la muflerie s'épanouit dans toute sa splendeur. Dans *L'Intransigeant*, au cours d'un article intitulé gracieusement «Le ventre boche», M. Victor Cyril nous apprenait que la Teutonne est un «insondable réservoir où s'amalgame le hareng fumé, le boudin au sang et la truculente andouille». Dans une feuille royaliste on a pu lire un titre en grosses lettres: «Bochesse», et dans le journal la même formule: «Les mégères austro-boches».

Est-ce assez distingué! De pareilles gouailleries couvrent de ridicule ceux qui osent les proférer et inspirent du dégoût à ceux qui, bien qu'étant français, se refusent à abdiquer leur dignité d'homme.

Marcelle CAPY, *Une voix au-dessus de la mêlée*

La main tendue

Décembre 1914. Au terme d'une guerre de mouvement effroyable-
ment meurtrière, les soldats de toutes les armées s'enterrent dans leurs
tranchées. À l'approche de Noël, beaucoup pensent à leur famille et
partagent les mêmes misères et le même dégoût devant la déshuma-
nisation de leur vie. Des scènes de fraternisation isolées et provisoires
les réunissent, favorisées par la grande proximité de leurs positions:
trêves religieuses, échanges de nourriture ou de tabac, chansons par-
tagées à distance. Ils adoucissent leur quotidien en s'épargnant un peu
les uns les autres. Ces fraternisations sont sévèrement réprimées afin
de maintenir les ardeurs guerrières des combattants.

Gervais Morillon est un jeune homme de 21 ans calme, tendre et gai
comme son frère Georges. Les deux frères engagés sur le front sont les
enfants d'un contremaître poitevin qui travaille et les emploie dans
une pépinière à Breuil-Mingot, près de Poitiers. Les deux frères tra-
vaillaient dans cette même pépinière avant la guerre. Georges va sur-
vivre, mais Gervais disparaît dans le Pas-de-Calais en mai 1915 et son
corps ne sera jamais retrouvé.

Tranchées-Palace, le 14 décembre 1914
Chers parents,
Il se passe des faits à la guerre que vous ne croiriez pas; moi-
même, je ne l'aurais pas cru si je ne l'avais pas vu; la guerre semble
autre chose, eh bien, elle est sabotée. Avant-hier (et cela a duré deux
jours dans les tranchées), Français et Allemands se sont serré la
main! Incroyable, je vous dis! Pas moi, j'en aurais eu regret. Voilà
comment cela est arrivé: le 12 au matin, les Boches arborent un
drapeau blanc et gueulent: «Camarades, Camarades, rendez-
vous!» Ils nous demandent de nous rendre «pour la frime».
Nous, de notre côté, on leur en dit autant; personne n'accepte.
Ils sortent alors de leurs tranchées, sans armes, rien du tout,

officier en tête. Nous en faisons autant et cela a été une visite d'une tranchée à l'autre, échange de cigares, cigarettes, et à cent mètres d'autres se tiraient dessus. Je vous assure, si nous ne sommes pas propres, eux sont rudement sales, dégoûtants ils sont, et je crois qu'ils en ont marre eux aussi.

Mais depuis, cela a changé ; on ne communique plus. Je vous relate ce petit fait, mais n'en dites rien à personne, nous ne devons même pas en parler à d'autres soldats.

Je vous embrasse bien fort tous les trois.

Votre fils, Gervais

Henry Wouilthryde Videau a 21 ans en 1914. Ce fils de paysans vigne-rons originaire de Saint-Pierre-d'Oléron s'est engagé à La Rochelle dans un régiment de cavalerie en 1912. Il est blessé au bras en Alsace et meurt d'une embolie à l'hôpital de Belfort, le 12 juillet 1915, en laissant der-rière lui un secret dont sa famille trop pauvre ne pourra pas assumer les conséquences : Henry avait eu un fils avec une jeune fille, devenue veuve sans jamais avoir connu la famille du père de son enfant.

Le 24 décembre 1914
Chers Parents,

Nous sommes encore de retour des tranchées, nous allons faire réveillon au cantonnement, ce qui sera plus chouette. Pour notre Noël, nous avons reçu chacun un paquet. Dans chaque paquet, il y avait : une savonnette, une orange, du fil, une aiguille, une petite fiole de cognac, 2 bâtons de chocolat, un petit peigne, une brosse à moustache, ou une glace (et comme surprise, des calepins, des couteaux, une pipe, etc.) et 10 cigarettes chacun. C'était envoyé par les Écoles de Tours, avec un petit mot dedans, de Joyeux Noël et Bonne Année, et quelques mots d'encouragement. [...]

Hier, dans la tranchée, il s'est passé quelque chose qu'il faut vous dire. En face de nous, à 30 mètres, il y avait des Bavarois, à notre gauche les Prussiens, et à droite les Saxons. Les Bavarois sont très chics, car ils sont venus nous voir dans la tranchée ; ils nous ont dit : « Vous Françouss, tirez pas, nous non plus. » Pendant 2 jours et 2 nuits, pas un coup de fusil. Puis moi avec le lieutenant, nous avons été chercher un journal bavarois ; ils nous ont offert des cigares, des cigarettes ; le Lieutenant leur a donné un paquet de Maryland et moi 2 bâtons de chocolat que j'avais touchés la veille ; il a fallu leur serrer la main à tout prix, puis on a retourné dans notre local. Le lendemain matin, des fantassins des avant-postes ont pris le café ensemble avec l'avant-poste boche. Et ils disaient : « Se méfier, Prussiens dans le bois à gauche, tiré dessus avec mitrailleuse. » Je crois qu'ils vont faire réveillon ensemble. Ça, j'en suis sûr, car je l'ai vu de mes propres yeux ; mais ça n'a pas été partout pareil et pas toujours. [...] Enfin voilà 2 mois que où nous sommes rendus les Boches sont las. [...] Que je voudrais être auprès de vous et vous embrasser bien fort, vous serrer dans mes bras tous. J'espère que ça viendra bientôt, j'espère. Je vous embrasse tous bien fort.

Henry VIDEAU

L'homme du créneau est pris entre deux forces. En face, l'armée ennemie. Derrière lui, le barrage des gendarmes, l'enchaînement des hiérarchies et des ambitions, soutenus par la pensée morale du pays, qui vit sur une conception de la guerre vieille d'un siècle, et crie « Jusqu'au bout ! » De l'autre côté l'arrière répond : « Nach Paris ! » Entre ces deux forces, le soldat, qu'il soit français ou Allemand, ne peut ni avancer ni reculer. Aussi, ce cri qui monte parfois des tranchées allemandes : « *Kamerad Franzose* ! » est probablement sincère. Fritz est plus près du poilu que de son *feld-maréchal*. Et le poilu est plus près de Fritz, en raison de la commune misère, que des gens de Compiègne.

Gabriel CHEVALLIER

Gustave Berthier est instituteur, tout comme sa femme épousée en 1911. Ils habitent Sousse en Tunisie. Gustave va être tué le 7 juin 1915 à Bully-les-Mines, à 28 ans.

Le 28 décembre 1914
Ma bien chère petite Alice,
Nous sommes de nouveau en réserve pour quatre jours, au village des Brebis. Le service tel qu'il est organisé maintenant est moins fatigant. Quatre jours aux tranchées, quatre jours en

réserve. Nos quatre jours de tranchées ont été pénibles à cause du froid et il a gelé dur, mais les Boches nous ont bien laissés tranquilles. Le jour de Noël, ils nous ont fait signe et nous ont fait savoir qu'ils voulaient nous parler. C'est moi qui me suis rendu à 3 ou 4 mètres de leur tranchée d'où ils étaient sortis au nombre de trois pour leur parler.

Je résume la conversation que j'ai dû répéter peut-être deux cents fois depuis à tous les curieux. C'était le jour de Noël, jour de fête, et ils demandaient qu'on ne tire aucun coup de fusil pendant le jour et la nuit, eux-mêmes affirmant qu'ils ne tireraient pas un seul coup. Ils étaient fatigués de faire la guerre, disaient-ils, étaient mariés comme moi (ils avaient vu ma bague), n'en voulaient pas aux Français mais aux Anglais. Ils me passèrent un paquet de cigares, une boîte de cigarettes bouts dorés, je leur glissais *Le Petit Parisien* en échange d'un journal allemand et je rentrai dans la tranchée française où je fus vite dévalisé de mon tabac boche.

Nos voisins d'en face tinrent mieux leur parole que nous. Pas un coup de fusil. On put travailler aux tranchées, aménager les abris comme si on avait été dans la prairie Sainte-Marie. Le lendemain, ils purent s'apercevoir que ce n'était plus Noël, l'artillerie leur envoya quelques obus bien sentis en plein dans leur tranchée.

[...] Fais part de mes amitiés à tous. Mes meilleures caresses aux petites, et à toi mes plus affectueux baisers.

Gustave

28 décembre 1914

Dans le secteur de la 55ᵉ brigade, des relations de tranchée à tranchée se sont engagées entre nos troupes et des Bavarois. Un certain nombre de nos hommes et des Bavarois sont sortis de leurs tranchées et se sont rencontrés à mi-distance environ, se sont serré la main, échangé des journaux, des cigarettes et provisions de diverses natures. Invités par nous à se rendre, les Bavarois ont déclaré en avoir assez ; mais ont refusé de se rendre pour l'instant, et vouloir réfléchir avant de prendre une décision. Les relations et pourparlers se poursuivront les jours suivants.

Journal des marches et opérations de la 28ᵉ division d'infanterie

Karl Aldag, étudiant allemand en philologie, a 25 ans lorsqu'il est mobilisé en 1914. Il est tué le 15 janvier 1915, près de Fromelles, dans le Nord, douze jours après avoir écrit cette lettre.

3 janvier 1915

La Saint-Sylvestre a été fêtée ici d'une manière très originale. Un officier anglais s'est présenté avec un drapeau blanc, pour solliciter une trêve de 11 heures à 3 heures, afin d'enterrer les morts. Il y avait eu des combats violents peu avant Noël, les Anglais avaient perdu beaucoup de morts et de prisonniers. La trêve a été accordée et on est contents de ne plus voir les cadavres, Mais la trêve s'est prolongée. Les Anglais sont sortis de leur tranchée et sont venus jusqu'au milieu du terrain ; ils ont échangé des cigarettes, des conserves, même des photographies, avec les nôtres ; ils ont dit qu'ils ne voulaient plus tirer. Tout est donc tranquille, chose bien extraordinaire. Eux et nous pouvons aller et venir sur la couverture de la tranchée.

Cela ne pouvait pas durer, et nous leur avons fait dire de rentrer dans leur tranchée, parce que nous allions tirer. L'officier a répondu qu'il regrettait, que les hommes n'obéissaient pas : ils disent qu'ils en ont assez de coucher dans des trous pleins d'eau, que cela ne sert à rien, que la France est fichue tout de même. Il est vrai qu'ils sont beaucoup plus sales que nous, ils ont plus d'eau dans la tranchée et plus de malades. Ils font grève, en simples mercenaires qu'ils sont. Naturellement nous n'avons pas tiré, car notre boyau, qui va du village à la ligne de feu, est plein d'eau aussi, et nous sommes contents de pouvoir circuler sur la couverture sans danger. Qui sait ? Peut-être toute l'armée anglaise faitelle grève et dérange ainsi les plans de ces messieurs de Londres ? Nos lieutenants sont allés de l'autre côté et se sont inscrits dans un album des officiers anglais. Un jour un de ceux-ci est venu nous avertir de nous mettre à couvert, parce que le commandement supérieur avait donné l'ordre de bombarder nos tranchées. L'artillerie française a en effet ouvert un feu très violent mais sans nous causer de pertes. Le 31 décembre nous avons convenu de tirer des salves à minuit. La soirée était froide. Nous avons chanté, ils ont applaudi (nos tranchées sont à 60-70 mètres des leurs). Nous avons joué de la guimbarde, ils ont chanté, et nous avons applaudi. J'ai demandé ensuite s'ils n'avaient pas d'instruments de musique et ils sont allés chercher une cornemuse. Ils ont joué et chanté les beaux airs mélancoliques de leur pays : c'est la garde écossaise, avec les petites jupes et les jambes nues. À minuit les salves ont éclaté des deux côtés, en l'air ! Il y a eu aussi quelques décharges de notre artillerie, je ne sais sur quoi on tirait, les projectiles ordinairement si dangereux pétillaient comme un feu d'artifice, on a brandi des torches et crié hourra ! Nous nous sommes fait un grog, nous avons bu à la santé de l'empereur et à la nouvelle année. Ça a été une vraie Saint-Sylvestre, comme en temps de paix.

Karl ALDAG, *Lettres d'étudiants allemands tués à la guerre*

Il est absolument interdit d'engager des conversations et des correspondances quelconques avec les Allemands, à moins d'ordres écrits donnés par le commandement dans un but déterminé. À toute invitation de l'ennemi, on ne doit répondre que par des coups de fusil. La punition la plus sévère sera infligée à tout militaire qui contreviendra à cet ordre.

Général CARÉ, 125e division d'infanterie, 28 juin 1915

Otto Heinebach, étudiant allemand, a 24 ans en 1914. Il meurt le 14 septembre 1916 pendant la bataille de Verdun.

J'ai parfois l'impression que le désir de paix commun à tous les peuples devra nécessairement amener la fin de la tuerie. Sinon il faudrait désespérer de l'humanité. J'ai entendu raconter hier, et cela me paraît croyable, que les horreurs de Loos ont été suivies, à un endroit du front, d'une trêve complète, par convention tacite. Des deux côtés on allait et venait sans précautions, sous les yeux de l'adversaire distant de quelques mètres seulement, et aucun fusil n'est parti. Que le fait se soit produit réellement ou non, je crois que cette attitude est l'expression des dispositions des troupes, de part et d'autre, et il me paraît possible que finalement la lassitude de la guerre devienne si générale et si profonde, qu'une espèce d'entente cordiale se tisse entre les armées ennemies, sans préliminaires diplomatiques. Il est vrai qu'alors la guerre mondiale, qui avait débuté par une tempête d'enthousiasme patriotique, finirait en farce. Mais je crois qu'il y a dans l'histoire des exemples de tragi-comédies semblables et que plus d'un grand esprit n'a pas foi au jugement de l'histoire ; il y a des sceptiques qui savent voir ses absurdités, ses bouffonneries et ses ironies, et qui ne prennent pas la peine de les dissimuler sous les artifices du style.

Otto HEINEBACH, *Lettres d'étudiants allemands tués à la guerre*

La saignée

40 % du 1,5 million de poilus français tombés entre 1914 et 1918 ont été tués pendant les premiers mois du conflit ! 320 000 morts, blessés ou disparus en quarante-cinq jours entre le 1ᵉʳ août et le 15 septembre 1914. 25 000 morts en une seule journée, le 22 août 1914. La bataille de Lorraine, terrible préambule avant la bataille de la Marne, fauche 80 000 Français, celle de Verdun fait plus de 370 000 victimes du côté français (tués, blessés et disparus), et la bataille de la Somme près de 200 000... Une saignée qui frappe les «bleus», soldats inexpérimentés commandés par des généraux dépassés par l'enfer de la guerre moderne.

En 1914, Étienne a 24 ans ; il a raté de peu l'École normale supérieure. Il va être blessé le 25 septembre 1915 à Neuville-Saint-Vaast. Soigné pendant près de six mois, il sera renvoyé au front et fait prisonnier à Tahure le 21 mars 1918. Malgré ses états de service, Étienne Tanty restera caporal : sa forte tête ne devait pas plaire à sa hiérarchie.

Vendredi 20 novembre 1914

[...] En levant les yeux, j'aperçois les corbeaux, la croix, et les percutants sifflent très haut, et se suivent sans relâche. Alors les images de la guerre m'empoignent et je revois l'horrible boucherie, la route de Montmirail à Reims, je respire encore la puanteur des champs couverts de débris et de charogne, je vois les faces noires, charbonnées des cadavres amoncelés dans toutes les positions, au pied de Montmirail, et près desquels on se couchait en tirailleur, sans savoir, sur lesquels on butait dans la rue, cavalant sous les balles prussiennes. – À chaque obus que j'entends éclater, j'éprouve malgré moi une impression de terreur religieuse. Il me semble, dans ce bruit sourd et lugubre qui succède au sifflement – et qui diminue insensiblement – entendre des pères, des femmes, des enfants qui pleurent sur toute la terre, il me semble que la Mort pénètre, comme dans une gravure de Calot, dans un intérieur que je me représente paisible et doux, pour leur annoncer triomphalement, à tous ces visages angoissés qui se tournent vers elle avec épouvante : pour leur annoncer qu'à cette heure un malheureux est mort sur la terre – c'est un fils, un frère, un père. Malheureux eux-mêmes ! Car la joie des autres sera leur douleur, et le printemps prochain pour eux sera sans fleurs. – Foyers vides aux soirées des hivers prochains ! Quel Noël pour tant de pauvres enfants et de parents ! La vie n'est-elle pas assez malheureuse ! et avec leurs douleurs, il faudra que des malheureux peinent pour faire vivre et élever leurs enfants ! Qu'est-ce que c'est qu'un Allemand, un Français ! Des milliers de familles, à chaque heure, sont sous la menace – et malgré tout ce qui s'y oppose en moi, il me vient par moments des accès de foi en un Dieu qui seul pourra venger d'une vengeance digne ces atrocités inhumaines.

Étienne TANTY

Jacques Ambrosini est originaire de Speloncato en Haute-Corse. Fils d'agriculteur, engagé dans les Dardanelles contre les Turcs, à l'âge de 19 ans, il finira la guerre comme lieutenant. Ses lettres écrites à son frère François décrivent l'horreur quotidienne du front.

Mercredi 19 mai 1915
Cher Frangin,
La baïonnette au canon, on s'élance hors des tranchées. Le capitaine en tête, nous faisons un bond de 30 à 50 mètres, et nous voilà couchés dans la tranchée qu'occupaient nos camarades de 1re ligne.
Les balles avaient bien sifflé, mais personne n'avait été touché. La rage de tuer et poussés par l'odeur de la poudre aussi bien que par les cris des bêtes féroces, car à ce moment-là on devient des bêtes féroces, ne pensant qu'à tuer et massacrer, nous nous élançons tout comme un seul homme. Victor est à mes côtés, mais bientôt, dans cette course folle, je ne le vois plus. Les camarades tombent. Presque tous blessés. Ce sont alors des cris de douleur. D'un côté, on entend « ma femme », « mes enfants » de l'autre, « ma mère », « achevez-moi », « ne me faites plus souffrir ». Tout ceci te déchire le cœur, le sang coule à flots, mais nous avançons quand même,

marchant sur les morts. Les Turcs sont couchés par centaines. Notre 75 aussi bien que les pièces de marine ont fait du bon travail. Ils sont déjà tous gonflés. Ceux qui n'ont pas été touchés s'échappent à grandes enjambées, nous courons toujours. Impossible de les attraper. On se met alors à genoux, on s'arrête, on vise et, patatrac, ton homme tombe. Les Sénégalais qui passent sur les tranchées ennemies achèvent les blessés. On nous l'avait bien recommandé à nous aussi, mais je n'ai pas le courage. Tout à coup, à la troisième tranchée turque, un de ces vieux mahométans, blessé et pouvant encore bouger ses bras, hisse un drapeau blanc au bout d'un morceau de bois. Je m'approche pour le voir de près. Que fait-il? Il me regarde puis saisit son fusil et veut me mettre en joue. Le malheureux. Plus leste que lui, je lui flanque ma baïonnette dans la tempe gauche et instinctivement, je fais partir un coup. Les cervelles sautent en l'air et viennent jusqu'à ma figure. Il me crie pardon et meurt. Je repars me disant: «Tous les blessés, tu les achèveras.» C'est ce que je fis. Nous franchissons cinq autres lignes de tranchées et tous sont achevés, car les bougres, quoique blessés, tirent sur nous et ne s'arrêtent que lorsqu'ils sont morts. Nous avons maintenant la descente et nous gagnons du terrain. Tout à coup je vois un Turc à 30 mètres devant moi qui s'évade à grandes enjambées. Je me mets à genoux je vise tire sur la détente et le voilà qui tombe à plat ventre comme s'il tombait d'un cinquième. J'arrive sur lui, il n'était pas encore mort, mais je l'avais bien touché. Une autre cartouche et voilà la cervelle qui saute en l'air. Les Turcs ne sont pas loin. On marche toujours mais impossible de les rattraper. Les voilà qui rentrent dans une vallée. On ne peut les toucher. Mon lieutenant est en tête. Il me regarde et crie courage mais je suis touché. J'ai ressenti comme une commotion électrique à la gauche. Et je tombe le visage en avant. Pas de douleur. Je sens le sang qui commence à couler. Je reste quelques minutes couché: le sac sur la tête. Un pauvre malheureux qui pendant que j'étais tombé m'avait devancé a la tête ouverte par un éclat d'obus juste à 2 mètres devant moi. Je me lève alors et voyant que je puis marcher je tâche de rejoindre sac au dos, et fusil au bras, le poste de secours. La fusillade et la canonnade deviennent plus intenses. Nous sommes plusieurs blessés qui retournons sur nos pas.

Jacques AMBROSINI

Nuit du 24 septembre
Demain l'assaut
Nuit violente ô nuit dont l'épouvantable cri profond devenait plus intense de minute en minute
Nuit qui criait comme une femme qui accouche
Nuit des hommes seulement

Guillaume APOLLINAIRE, « Désir »

Kurt Peterson est né le 2 février 1891 en Allemagne. Il est étudiant en philologie quand la guerre éclate. Mobilisé, il est tué le 3 août 1915.

Nous avons reçu un baptême du feu tel qu'il peut à peine être réservé à des troupes actives : sur 180 hommes, 110 ne sont pas blessés, la 9e et la 10e compagnie n'en font plus qu'une... Notre régiment a effroyablement souffert... Ce qu'on éprouve pendant un assaut pareil ! Il vous mûrit plus que bien des années. La mort mugit ; sous la grêle de feu, on s'attend à chaque seconde à être atteint, on ne croit pas possible de ne pas l'être. La mémoire fonctionne avec une clarté absolue, on voit et on sent tout. On pense à ses parents et un cri de détresse monte du cœur, avec des pensées de révolte et de colère : à bas la guerre, le monstre le plus affreux qu'aient engendré les vices des hommes ! On voit s'entretuer en masse des hommes qui ne se connaissent pas, ne se haïssent ni ne s'aiment. Maudits soient les auteurs de cette guerre dont ils n'affrontent pas les horreurs, qu'ils soient anéantis, tous ! Ce sont des brutes, des bêtes féroces !

Comme on se caresse au soleil après une nuit de bataille ! Comme on regarde la nature avec d'autres yeux ! Comme on redevient homme, aimant, sensible, après de pareilles souffrances, de pareilles luttes morales. Les yeux s'ouvrent, on aperçoit les vraies tâches de l'homme, son rôle dans la civilisation. Guerre à la guerre ! Il faut la combattre par tous les moyens. C'est à cette tâche que je me dévouerai, si le Dieu tout bon qui gouverne le monde permet que je revienne chez moi. On change ici complètement. Je serai rendu à mes parents, né de nouveau, plus mûr, plus éclairé. À ce point de vue, ces horreurs ont peut-être une justification : la guerre, ce monstre infernal, fait terriblement, mais à fond, l'éducation des hommes. Grand Dieu !

Kurt PETERSON, *Lettres d'étudiants allemands tués à la guerre*

Louis Désalbres est mobilisé en 1916. Après son instruction, en avril 1917, il doit participer à l'offensive Nivelle. Son régiment n'est finalement pas engagé immédiatement. Après l'armistice, il devient ingénieur chimiste et fait le récit de ses années de guerre.

23 août 1917

Très légers, des sifflements doux et prolongés passent dans l'air. Des balles. Elles passent hautes et foncent vers l'arrière. Nous atteignons le versant nord de la côte. Le terrain s'affaisse brusquement. [...] Maintenant les balles sifflent rapides et sont redoutables. Les hommes se couchent ; d'en bas l'ennemi doit nous voir, bien que le ravin soit submergé par une mer de fumée et de poussière. Comme des météores des obus foncent sur nous. Ils viennent de nos arrières. – C'est le 75 qui tire trop court ! hurle quelqu'un. Cette fois en plein, des corps culbutent... des cris. Remous, reflux vers l'arrière. – Des fusées, des fusées ! – lancez des fusées ! Les hommes affolés s'égrènent dans les trous. J'accroche mon tromblon et lance vers le ciel successivement 3 fusées à 3 étoiles. – Allongez le tir ! Là-haut des dizaines d'aéros vont-ils les voir pour transmettre. Joutel accroupi cherche à allumer un feu de Bengale, mais son briquet ne marche pas. Obus et balles se rejoignent sur notre position. [...] Le jour éclaire maintenant le champ de bataille qui peu à peu dégage de la fumée. Partout des débris humains. Pas de cadavres, mais des membres, des morceaux de membres, des os dans de vieux tissus, des tibias blanchis dans ses bottes, des têtes sanglantes ou des crânes lisses. Nous sommes sur un ossuaire qui s'enrichit depuis un an de fragments nouveaux.

L'artillerie ennemie réagit maintenant avec violence. Par rafales soutenues les obus foncent sur notre coin. L'ennemi semble connaître admirablement les positions que nous occupons. [...] Avec fureur nous piochons, creusons, soulevons la terre pour nous enfoncer. L'ennemi accélère son tir. Les explosions rejettent plus de terre que nous en enlevons, mais avec une ardeur désespérée nous creusons toujours en luttant contre l'envahissement. Ma pioche est entrée, molle dans de la viande. Un cadavre. Je tire. Une étoffe grise, sale… De la chair noircie. À trois, nous soulevons le macchabée et le plaçons sur le parapet. Il servira de pare-éclats ; les obus foncent toujours sur nous et nous creusons toujours une terre qui dégage une odeur atroce. Soudain des souffles brûlants, successifs, nous aveuglent et nous terrassent. Des cris déchirants. Je suis face contre terre. Un des nôtres a été jeté hors de la tranchée, en loque pantelante. L'heure du sacrifice est arrivée. Mal protégée, la section encaisse maintenant les coups directs d'un tir impitoyablement précis. À plat ventre dans ce fossé évasé, haletants, crispés, agrippés à la terre, nous attendons la fin de ce massacre. Noireau est tué net à ma droite ; près de lui, un homme se tortille comme un ver et les canons rugissent toujours tandis que des fusées multicolores éclatent dans un ciel rougeâtre.

Près de nous, des sapeurs du Génie, le long d'une tresse blanche, restent immobiles, figés par la mort. Des brancardiers sublimes passent en courant, chargeant les blessés transportables et cela dure jusqu'au soir. Nous jetons sur le parapet trois des nôtres. Une toile de tente a recueilli les débris de l'un d'eux.

Louis Désalbres, *Mon carnet de route* (*1916-1918*)

À ma mère

Sur les champs de bataille, les poilus nouent des relations très particulières avec leurs mères qui deviennent les confidentes de l'inénarrable et de l'indicible. Il leur arrive de se confier plus encore à leur mère qu'à leur femme. Des millions de mères voient partir leur fils dans les tranchées entre 1914 et 1918. Fin novembre 1918, dans une France qui compte près de 600 000 veuves de guerre et 760 000 orphelins, plus d'un million de mères auront perdu 1,5 million de fils. Plus de deux millions d'entre elles retrouvent des fils blessés et 300 000 des fils mutilés.

Mère voici vos fils et leur immense armée.
Qu'ils ne soient pas jugés sur leur seule misère.
Que Dieu mette avec eux un peu de cette terre
Qui les a tant perdus et qu'ils ont tant aimée.

Charles PÉGUY, *Ève*

Originaire de Bugeaud, en Algérie, Marcel Rivier est tué le 4 novembre 1914 à l'âge de 21 ans près de Dikbuck en Belgique, alors qu'il secourt son capitaine en sortant de sa tranchée. Le journal de guerre du jeune étudiant nîmois qui veut devenir diplomate est écrit au fil des jours entre la date de la mobilisation et celle de sa mort. Retrouvé sur son corps, ce journal a été transmis à sa mère, Louise Rivier née Jalabert, par les autorités militaires.

Dimanche 9 août 1914
La guerre est le paradis des soldats et l'enfer des enfants. Les souvenirs seuls nous font peur de la mort. S'interdire de penser à ceux qu'on aime de peur de sentir vaciller son courage. Quelle tristesse ! Quel touchant héroïsme !

Jeudi 27 août 1914

De loin la pensée vigilante des mères nous fait comme une enveloppe mystérieuse à notre âme s'emmitouflant à moindre froid et à moindre peur. Un peu de la tiédeur d'un sein y reste encore, et c'est d'une douceur triste et profonde, un peu trouble, comme les choses qui nous dépassent ou nous viennent de très loin. Oh! Réseau léger, réseau exquis qui palpite devant les bottes comme une fine toile d'araignée au vent du matin frais, dans une crainte continuelle.

Et parfois dans le soir, de grands élans de tendresse nous secouent. On a marché, on lutte tout le jour, l'effort physique étouffait en nous la pensée. Telles des bêtes fauves on allait les sens tendus, le cœur bandé comme un ressort neuf. Brusquement, un frisson est venu, puis une lassitude infinie et le besoin immense d'être doux, d'aimer, de faire des caresses, d'avoir des paroles exquises, et de se fondre tout entier dans un seul cri: Maman!

Octobre 1914
Soir tendre

Oh! ce soir je suis tout frissonnant de tendresse
Je pense à vous, je me vois seul, je me sens loin,
Loin de tout ce dont mon cœur tendre a tant besoin
Hésitant entre l'espérance et la tristesse

Comme un oiseau meurtri mon cœur las que tout blesse
Désirerait un nid très sûr, un petit coin
Où dans la quiétude et la douceur des soins
La douleur se fondrait vaguement en faiblesse

Et des mots d'abandon, des mots mièvres et lents,
De ces mots que l'on sent monter du fond de l'âme
S'écoulant de ma bouche à petits coups dolents

Et je rêve de doigts légers, adroits et blancs
Qui sur mes yeux se poseraient frais et tremblants
Sinon des doigts de mère au moins des doigts de femme
Chassant la vision des souvenirs sanglants

Ton Marcel

Gaston Aimé Marius Biron a 29 ans en 1914. Ses parents auvergnats sont laitiers à Clichy, près de Paris. Il est le seul fils d'une famille de sept enfants. Après de solides études, il devient bijoutier et interprète. Pendant plus de deux ans de guerre, Gaston ne cesse d'écrire à sa mère Joséphine et à sa femme Blanche, et attend une permission qui tarde à venir. Enfin, le grand jour arrive... De retour au front après quelques jours passés auprès des siens, il adresse à sa mère une lettre pleine d'amertume. Blessé le 8 septembre 1916, Gaston meurt quelques jours plus tard à l'hôpital de Chartres.

Samedi 25 mars 1916
Ma chère mère,

[...] Par quel miracle suis-je sorti de cet enfer, je me demande encore bien des fois s'il est vrai que je suis encore vivant; pense donc, nous sommes montés mille deux cents et nous sommes redescendus trois cents; pourquoi suis-je de ces trois cents qui ont eu la chance de s'en tirer, je n'en sais rien, pourtant j'aurais dû être tué cent fois, et à chaque minute, pendant ces huit longs jours, j'ai cru ma dernière heure arrivée. Nous étions tous montés là-haut après avoir fait le sacrifice de notre vie, car nous ne pensions pas qu'il fût possible de se tirer d'une pareille fournaise. Oui, ma chère mère, nous avons beaucoup souffert et personne ne pourra jamais savoir par quelles transes et quelles souffrances horribles nous avons passé. À la souffrance morale de croire à chaque instant la mort nous surprendre, viennent s'ajouter les souffrances physiques de longues nuits sans dormir: huit jours sans boire et presque sans manger, huit jours à vivre au milieu d'un charnier humain, couchant au milieu des cadavres, marchant sur nos camarades tombés la veille; ah! j'ai bien pensé à vous tous durant ces heures terribles, et ce fut ma plus grande souffrance que l'idée de ne jamais vous revoir. Nous avons tous bien vieilli, ma chère mère, et pour beaucoup, les cheveux grisonnants seront la marque éternelle des souffrances endurées; et je suis de ceux-là. Plus de rires, plus de gaieté au bataillon, nous portons dans notre cœur le deuil de tous nos camarades tombés à Verdun du 5 au 12 mars. Est-ce un bonheur pour moi d'en être réchappé? Je l'ignore mais si je dois tomber plus tard, il eût été préférable que je reste là-bas.

Tu as raison de prier pour moi, nous avons tous besoin que quelqu'un prie pour nous, et moi-même bien souvent quand les obus tombaient autour de moi, je murmurais les prières que j'ai apprises quand j'étais tout petit, et tu peux croire que jamais prières ne furent dites avec plus de ferveur.

Ton fils qui te chérit et t'embrasse un million de fois.
Gaston BIRON

Mercredi 14 juin 1916
Ma chère mère,
Je suis bien rentré de permission et j'ai retrouvé mon bataillon sans trop de difficultés. Je vais probablement t'étonner en te disant que c'est presque sans regret que j'ai quitté Paris, mais c'est la vérité. Que veux-tu, j'ai constaté, comme tous mes camarades du reste, que ces deux ans de guerre avaient amené petit à petit, chez la population civile, l'égoïsme et l'indifférence et que nous autres combattants nous étions presque oubliés, aussi quoi de plus naturel que nous-mêmes nous prenions aussi l'habitude de l'éloignement et que nous retournions au front tranquillement comme si nous ne l'avions jamais quitté.

J'avais rêvé avant mon départ en permission que ces 6 jours seraient pour moi 6 jours trop courts de bonheur, et que partout je serais reçu les bras ouverts; je pensais, avec juste raison je crois, que l'on serait aussi heureux de me revoir que moi-même je l'étais à l'avance à l'idée de passer quelques journées au milieu de tous ceux auxquels je n'avais jamais cessé de penser. Je me suis trompé; quelques-uns se sont montrés franchement indifférents, d'autres, sous le couvert d'un accueil que l'on essayait de faire croire chaleureux, m'ont presque laissé comprendre qu'ils étaient étonnés que je ne sois pas encore tué. Aussi tu comprendras ma chère mère que c'est avec beaucoup de rancœur que j'ai quitté Paris et vous tous que je ne reverrai peut-être jamais. Il est bien entendu que ce que je te dis sur cette lettre, je te le confie à toi seule, puisque, naturellement, tu n'es pas en cause bien au contraire, j'ai été très heureux de te revoir et que j'ai emporté un excellent souvenir des quelques heures que nous avons passées ensemble.

Je vais donc essayer d'oublier comme on m'a oublié, ce sera certainement plus difficile, et pourtant j'avais fait un bien joli rêve depuis deux ans. Quelle déception! Maintenant je vais me sentir bien seul. Puissent les hasards de la guerre ne pas me faire infirme pour toujours, plutôt la mort, c'est maintenant mon seul espoir.

Adieu, je t'embrasse un million de fois de tout cœur.

Gaston BIRON

L'arrière en goguette

Entre 1914 et 1918, la vie ne se résume pas aux tranchées. Très vite, l'existence des civils se réorganise. En plein contraste avec les rationnements et les pénuries, les cafés-concerts, les théâtres, les restaurants refusent du monde. Le cinéma attire les foules. Pour se donner bonne conscience, certains qui ne sont pas sur le front organisent des spectacles traitant de la guerre, de la virilité et du patriotisme, censés évoquer auprès des civils le conflit, diaboliser l'ennemi et réconforter les poilus en permission. Dans leurs tranchées, ceux-ci sont amers et fustigent ces «pistonnés» et réformés qui font tout pour échapper aux combats. Le mauvais exemple vient souvent des élus: la plupart des parlementaires mobilisables échappent au front ou mènent une guerre à l'abri, dans des hôpitaux ou des services de l'intérieur. Seuls trente-six députés choisissent le devoir des armes, soit 12 % des 291 mobilisables d'août 1914. Ces derniers sont souvent considérés comme des «embusqués».

Créée au début du XXe siècle, la revue humoristique Fantasio *est suspendue quelques mois à la mobilisation. Lorsqu'elle réapparaît au début de l'année 1915, elle tourne les «embusqués» en dérision.*

Il est certain qu'à l'heure actuelle nos soldats sur le front ont reçu tout ce qu'il leur faut. Ils ont eu le Tricot du combattant, La Chaussette du combattant, Le Passe-montagne du combattant. Pendant ce temps-là, qu'a-t-on fait pour les embusqués? RIEN! Sous prétexte que l'embusqué ne se plaint pas et même par pure modestie cherche à passer inaperçu, personne n'a daigné baisser les yeux sur ses misères. Au bout de douze mois de guerre, il n'a encore reçu ni tricot ni chaussettes, et aucun autre béguin. Toute l'injustice de cette situation vous apparaîtra plus criante encore quand vous réfléchirez que le soldat au front n'a aucune dépense à faire. Perdu au fond des bois, il n'a pas de frais de représentation. L'embusqué au contraire est tenu de suivre la mode.

Les vareuses kaki et bleu horizon se succèdent sans répit sur son torse. Le moindre brassard lui coûte des prix fous. Son équipement grève lourdement son chétif budget : le porte-carte en veau qui sert à garantir la carte des vins ou cartes de bridge, le bidon d'aluminium toujours garni d'eau de Cologne pour la toilette, et la jumelle à prisme pour voir de plus près les remises de décorations. Il arrive tous les jours que de désespoir, les embusqués demandent à partir au front.

De santé trop fragile, Marcel Proust n'est pas mobilisé en 1914. Tandis que son frère Robert et plusieurs de ses amis partent au front, il reste à Paris et se tient au courant de la situation militaire en lisant sept journaux par jour. Il décrit la capitale en guerre dans À la recherche du temps perdu.

À l'heure du dîner les restaurants étaient pleins ; et si, passant dans la rue, je voyais un pauvre permissionnaire, échappé pour six jours au risque permanent de la mort, et prêt à repartir pour les tranchées, arrêter un instant ses yeux devant les vitres illuminées, je souffrais comme à l'hôtel de Balbec quand des pêcheurs nous regardaient dîner, mais je souffrais davantage car je savais que la misère du soldat est plus grande que celle du pauvre, les réunissant toutes, et plus touchante encore parce qu'elle est plus résignée, plus noble, et que c'est d'un hochement de tête philosophe, sans haine, que prêt à repartir pour la guerre, il disait en voyant se bousculer les embusqués retenant leurs tables : « On ne dirait pas que c'est la guerre ici. »

Marcel PROUST

Paul Tuffrau est agrégé de lettres et normalien. Blessé plusieurs fois pendant la guerre, il reçoit la Légion d'honneur et devient chef de bataillon. S'il lui est impossible d'évoquer l'incompétence de certains généraux, leur mépris des vies humaines, ses articles de presse écrits sous le pseudonyme du Lieutenant E. R. évoquent bien d'autres réalités.

5 décembre 1916

Jamais tu ne croirais que nous sommes en guerre. Plus elle dure, plus ils s'amusent ; des magasins éclairés, des autos superbes, des femmes chic avec petits chapeaux, grandes bottes, poudre de riz, manchons et des petits chiens ; et des embusqués avec de belles vareuses en drap fin, des culottes ajustées et des machins jaunes bien plus reluisants que nos officiers. C'est une chose que répètent inlassablement les hommes casqués et sales, en capote fanée et gros souliers, qui errent sur les boulevards. Nous sommes dans l'Aube... L'aube des mauvais jours... Il neige. Il fait froid. Triste retour de permission. Les permissions, ça ne devrait pas être. Se retremper dans la vie qui devrait être notre vie ; vie que nous devrions avoir oubliée à jamais, vie retrouvée quelques heures et qui nous laisse un horrible cauchemar qu'on appelle le cafard. C'est la gaieté qui disparaît, l'énergie annulée, la vie sans espoir.

P. TUFFRAU, *Carnets d'un combattant*

Tout manque

Entre 1914 et 1918, la guerre militaire vampirise le peuple et l'éco-nomie. Elle engendre une guerre industrielle, économique et sociale qui prend les traits d'une guerre sociale sous-jacente, dans un contexte général de progression de la pauvreté, de pénurie, de restrictions et de réquisitions. Le rationnement du pain intervient dès décembre 1914 dans certaines zones occupées puis s'étend jusqu'à Paris en 1916. Sont ensuite rationnés la farine, la viande, le lait, le pétrole, le sucre et le charbon. Le marché noir se développe. À partir de 1916, les Français mangent du pain noir. Les récoltes sont décevantes. En 1917, la popu-lation rationnée est divisée en six catégories : enfants, adultes, jeunes, travailleurs, cultivateurs et vieillards. En Allemagne plus encore qu'en France, les Ersätze apparaissent. La sous-alimentation et la malnutri-tion font des ravages, avec des effets désastreux dans les zones occu-pées pillées par des Allemands dont le pays est sous blocus. La France, ravagée par les conséquences croisées de la disette, de la baisse des petits salaires et de la vie chère, est progressivement minée par les grèves. La faim règne, à l'arrière comme sur le front.

Salmagne, 17 septembre 1916
Ma chère maman,
Pas de ravitaillement. On est dans une boue faite d'eau, de terre et de cadavres putréfiés. Les blessés ne peuvent pas s'évacuer. Bref, c'est la pagaille, le désordre, la mélasse ! Je préfère te dire franche-ment la chose. Aussi aujourd'hui je viens d'acheter pour 8 francs de boîtes de conserve : thon, saumon, beurre afin d'avoir à manger et de ne pas renouveler les tourments de la Champagne. C'est le général Nivelle qui commande ici. La compagnie achète pour les hommes du chocolat et des nourritures constipantes pour combattre la faim et aussi pour éviter aux hommes d'aller aux cabinets car on ne peut pas remuer pour rien faire. Voilà les beautés de la guerre...
Je t'embrasse bien fort,

Raoul BATTAREL

On a faim. On a soif. On voit là-bas un mort couché par terre, pourri et plein de mouches mais encore ceinturé de bidons et de boules de pain passées dans un fil de fer. On attend que le bombardement se calme. On rampe jusqu'à lui. On détache de son corps les boules de pain. On prend les bidons pleins. D'autres bidons ont été troués par les balles. Le pain est mou. Il faut seulement couper le morceau qui touchait le corps. Voilà ce qu'on fait tout le jour. Cela dure depuis vingt-cinq jours. Depuis longtemps il n'y a plus de ces cadavres garde-mangers. On mange n'importe quoi. Je mâche une couronne de bidon.

Jean GIONO, *Recherche de la pureté*

Lundi 25 septembre 1916

La nourriture est mauvaise et insuffisante ; le pain, rationné, on peut le dire, honteusement : un petit bout, tout juste suffisant pour le repas, si bien qu'on doit s'en acheter tous les jours pour ne pas endurer la faim. Toujours le même régime : bouillon de vermicelles, haricots, lentilles, patates cuites à l'eau et sans sel, comme les paysans en donnent à leurs cochons. Pas même le repos moral : à chaque instant, les infirmiers passent dans les chambres, demandant des hommes de corvée et, si l'on est dans la cour, à prendre l'air, on est presque chaque fois réquisitionné pour décharger quelque camion de literie ou de lingerie.

Frédéric BRANCHE

6 novembre 1916

Ma chère maman,

Toi qui parles de la vie chère, je te verrais bien mal ici. C'est honteux, épouvantable. Tas de cochons que ces paysans et commerçants !

1 œuf : 5 sous.

Les saucisses : 8 francs le kilo.

Une oie : 16 francs.

Une boîte de cirage : 5 sous, etc., etc.

Grosses caresses

Raoul BATTAREL

Août 1917

Actuellement, la viande j'évite d'en manger, d'autant plus que, trois fois sur cinq, elle nous arrive dans de mauvaises conditions. C'est même incroyable, de constater quelle imprévoyance et quelles inepties président à toutes ces distributions. Le poilu reçoit de la viande avariée, et dans la majorité des cas il faut la jeter. Que de dépenses bêtes ! Avec cela il crève de faim, car les légumes sont peu nombreux. Aussi les plaintes sont vives en ce moment. Des voitures frigo devraient arriver jusqu'à nos cuisines, mais cela ne se passe pas ainsi ; il y a deux ou trois manipulations au milieu de la poussière, des mouches et du soleil. Aussi, le résultat ne se fait pas attendre. Dire que l'on atteint un résultat pareil après deux ans de guerre, c'est un comble.

Lucien Durosoir

12 janvier 1915

L'arrondissement arrive, comme c'était prévu, à l'extrême pénurie de farine et de viande. [...] La ration de pain est donc fixée à 150 grammes par tête d'adulte et 75 grammes par enfant au-dessous de dix ans... Vos boulangers devront remettre la liste exacte de leurs clients, adultes et enfants, que vous devrez contrôler sévèrement. [...] Pour les bouchers, vous prendrez aussitôt que possible les mêmes dispositions, la ration étant de 75 grammes pour les adultes et de 47 grammes pour les enfants. Vous devrez rationner selon les prescriptions reçues, les légumes, plantes légumineuses, pommes de terre et vous recommanderez rigoureusement que par économie l'on ne pèle plus les pommes de terre avant de les cuire.

Du sous-préfet de Valenciennes aux maires
de son arrondissement

Vu la cherté du beurre, une recette de beurre artificiel est tout indiquée : prenez un kilo de graisse fraîche de mouton. Mettez-la dans une casserole de terre autant que possible, avec un demi-litre d'eau et faites fondre sur feu doux en remuant bien. Passez au tamis et ajoutez trois litres d'huile d'œillette ;

puis mettez sur le feu avec quelques croûtes de pain grillé, une poignée de feuilles d'estragon et deux petits oignons coupés. Repassez au tamis encore une fois et ajoutez une poignée de safran pour la couleur. Remuez et laissez refroidir. Ce beurre se conserve très bien.

Les légumes verts sont rares. En voici un qui est abondant et ne coûte rien : c'est l'ortie commune. L'ortie se trouve un peu partout, prenez-la avec des gants, coupez les extrémités encore tendres et traitez-les comme des feuilles d'épinards : vous aurez un plat savoureux et nourrissant. Le potage à la feuille d'ortie, assez connu, est apprécié. Faites-en l'expérience, nous vous garantissons le résultat.

Tracts du ministère du Ravitaillement

Nous sommes dans une lutte qui prend le caractère d'une guerre d'usure où les questions de crédit, de change, d'approvisionnement en vivres et en matières premières prennent une importance égale à celle des effectifs...

Maurice LONG, ministre du Ravitaillement, 1917

Les bourreurs de crâne

Jamais les Français n'ont généré autant de courrier que pendant la Grande Guerre, utilisant à plein la ressource de la franchise postale. Jamais la France n'a connu un appareil de censure, de propagande et de désinformation aussi efficace et rigoureux que celui que l'État mit en œuvre entre 1914 et 1918. Le service de la censure est mis en place dès le 30 juillet 1914, trois jours avant la mobilisation générale. Il embrasse progressivement le courrier, la presse, le télégraphe, les photographies, la publicité, les livres et les livres scolaires puis le théâtre, le cinéma, les cafés-concert, la chanson et les petites annonces. Pendant les cinq premiers mois de la guerre, trente titres de presse quotidienne «privés» de publicité sont obligés de se saborder. Cinq mille fonctionnaires soldats ouvrent chaque semaine cent quatre-vingt mille lettres. À sa parution en 1916, Le Feu d'Henri Barbusse reçoit le prix Goncourt. Mais il est immédiatement censuré. La censure, outil de surveillance, de dissimulation et de filtrage, est devenue un outil de répression et de manipulation.

«La vérité est l'ennemi et elle doit être cachée aux yeux de tous.» Tel est le premier critère du gouvernement. La censure atteint son apogée avec le cabinet Briand entre novembre 1915 et mars 1917. Quatre cents censeurs travaillent au bureau de presse à Paris; le système est renforcé par des commissions réparties dans les vingt-deux départements militaires, soit cinq mille censeurs répartis dans toute la France. Le contrôle postal est doté de neuf commissions de quinze à vingt-cinq membres qui ouvrent jusqu'à cent quatre-vingt mille lettres par semaine: une goutte d'eau devant les millions de lettres écrites chaque jour. Le retard systématique du courrier est généralisé sur le front dès le 25 novembre 1914. Au départ comme à l'arrivée, les lettres sont bloquées au moins trois jours et le délai peut atteindre huit jours. L'État interdit les idées pacifiques. Il interdit toute allusion aux conditions de vie déplorables des poilus et au *carnage provoqué par la guerre. Il incite avant tout à la diabolisation de l'ennemi. Malgré les risques de sanctions, beaucoup de combattants sont fatalistes. Ils bravent la censure et finissent par confier dans leurs lettres comme dans leurs carnets intimes le véritable visage de l'enfer qu'ils traversent. Beaucoup de leurs missives expriment la haine de la guerre. Les services de la censure ne respectent aucune limite: ils surveillent la correspondance des membres du Parlement et du gouvernement, et ce en dépit de l'interdiction qui leur en a été notifiée le 11 juillet 1915.*

J'ai entrevu des faces étranges qui poussaient des espèces de cris, qu'on apercevait sans les entendre dans l'anéantissement du vacarme. Un brasier avec d'immenses et furieuses masses rouges et noires tombait autour de moi, creusant la terre, l'ôtant de dessous mes pieds, et me jetant de côté, comme un jouet rebondissant. Je me rappelle avoir enjambé un cadavre qui brûlait, tout noir, avec une nappe de sang vermeil qui grésillait sur lui, et je me souviens aussi que les pans de la capote qui se déplaçait près de moi avaient pris feu et laissaient un sillon de fumée. À notre droite, tout au long du boyau 97, on avait le regard attiré et ébloui par une file d'illuminations affreuses, serrées l'une contre l'autre comme des hommes.

Lettre retenue par les services de censure

Il faudrait que tous les ouvriers de culture ne fassent plus rien et aussi ceux qui tournent les obus, c'est le petit ouvrier qui doit commencer à ne plus rien vouloir faire pour l'armée, autant de blés de semés, autant d'hommes resteront sur le front à se faire trouer la peau. C'est là la prospérité des accapareurs qu'il faut faire la guerre pour avoir la paix.

Soldat, 102e régiment d'artillerie lourde, 2e armée, 26 mai 1917
Lettre retenue par les services de censure

Tous les soldats crient « À bas la guerre » et refusent de prendre les lignes. J'espère que tous en feront autant et que nous finirons ce carnage. [...] Nous n'avons rien à gagner à la continuation de la guerre. Ç'a l'air de chauffer à Paris avec les grèves. Tant mieux.

Lettre de poilu retenue par les services de censure, 1917

Auxence Guizart est agriculteur, originaire du Pas-de-Calais ; il a 19 ans en 1914 lorsqu'il est mobilisé comme ses deux frères Alfred et Étienne. Alfred est tué à 19 ans, en 1916. Auxence meurt en avril 1918. Seul Étienne survit à quatre années de guerre.

13 novembre 1916
Chers parents,
[...] Il y a beaucoup de poilus qui se font encore évacuer aujourd'hui pour pieds gelés. Quant aux miens, ils ne veulent pas geler malheureusement car je voudrais bien une évacuation aussi. Il n'y fait pas bon ici en arrière : ce sont les avions qui font des ravages terribles et en avant c'est loin de marcher comme les journaux vous annoncent. Ceci sont des bourreurs de crâne pour encourager le civil, n'y croyez rien, comme je vous ai déjà dit c'est la guerre d'usure en bonshommes, en tout. Je termine pour aujourd'hui en vous embrassant de grand cœur.
Votre fils dévoué,

Auxence

Nous ne recevons presque plus de journaux indépendants, par contre les grands « bourreurs de crâne » foisonnent. Comme les journaux nous sont vendus par l'armée, nous ne pouvons lire que ce qu'elle veut bien ; j'ai parcouru *Le Matin* aujourd'hui ; il est hideux de mensonges et d'impudence.

Jean DELEAGE, 15 décembre 1916

Émile Deshays est rédacteur en chef du Courrier de Saône-et-Loire. *Un mois après le déclenchement des hostilités, il s'élève dans son éditorial contre une censure qu'il juge nécessaire mais excessive.*

De nouvelles instructions ministérielles prescrivent à la censure de redoubler de rigueur. [...] Tout le monde comprend l'utilité d'une telle surveillance, en ce qui concerne ce qui peut intéresser la Défense nationale. Nous ne devons rien dire de ce qui pourrait donner la plus vague indication sur les positions de troupes ou sur les projets de l'état-major. Nous nous conformons d'autant plus aisément à cette règle que nous ne savons absolument rien de ce que nous avons le devoir de cacher. Là-dessus il n'y a matière à aucune discussion et pour les plus insignifiantes indications, nous supprimons de nous-mêmes ce que l'on ne doit pas dire. Mais la presse se plaint de ce que la censure s'exerce parfois sur le domaine des idées, qui ne doit pas être le sien. [...] La presse est dans la société actuellement un rouage indispensable. Bonne ou mauvaise, c'est elle qui forme l'opinion publique [...]. En ce moment, la presse unanimement entretient et développe l'Union nationale. Il faut qu'elle parle et qu'elle parle librement – abstraction faite bien entendu de ce qui a trait aux affaires militaires. On peut la gêner dans ce qu'elle dit, mais on n'est pas optimiste sur ordre et son silence serait beaucoup plus impressionnant que tout ce qu'elle peut exprimer. [...] Notre tâche est déjà très rude à l'heure actuelle. Qu'on nous laisse l'accomplir en ne nous imposant que les restrictions nécessaires, auxquelles d'ailleurs nous nous soumettons de très bonne grâce.

Le Courrier de Saône-et-Loire, 25 août 1914

Le Canard enchaîné est fondé le 10 septembre 1915 pour réagir contre la servilité de la presse. Il a pour slogan : « La liberté de la presse ne s'use que quand on ne s'en sert pas » et pour devise : « Tu auras mes plumes, tu n'auras pas ma peau. »

Le Canard enchaîné a décidé de rompre délibérément avec toutes les traditions journalistiques établies jusqu'à ce jour. En raison de quoi, ce journal veut bien épargner, tout d'abord à ses lecteurs, le supplice d'une présentation. En second lieu, *Le Canard enchaîné* prend l'engagement d'honneur de ne céder, en aucun cas, à la déplorable manie du jour. C'est assez dire qu'il s'engage à ne publier, sous aucun prétexte, un article stratégique, diplomatique ou économique, quel qu'il soit. Son petit format lui interdit, d'ailleurs, formellement, ce genre de plaisanteries. Enfin, *Le Canard enchaîné* prend la grande liberté de n'insérer, après minutieuse vérification, que des nouvelles rigoureusement inexactes. Chacun sait, en effet, que la presse française, sans exception, ne communique à ses lecteurs, depuis le début de la guerre, que des nouvelles implacablement vraies. Eh bien, le public en a assez ! Le public veut des nouvelles fausses… pour changer. Il en aura. Pour obtenir ce joli résultat, la Direction du *Canard enchaîné*, ne reculant devant aucun sacrifice, n'a pas hésité à passer un contrat d'un an avec la très célèbre Agence Wolff qui lui transmettra chaque semaine, de Berlin, par fil spécial barbelé, toutes les fausses nouvelles du monde entier. Dans ces conditions, nous ne doutons pas un seul instant que le grand public voudra bien nous réserver bon accueil et, dans cet espoir, nous lui présentons, par avance et respectueusement, nos plus sincères condoléances.

Éditorial du numéro 1 du *Canard enchaîné*, le 10 septembre 1915

Les principales interdictions de la censure

• Interdiction de publier des renseignements de nature à nuire à nos relations avec les pays alliés, les neutres, ou relatifs aux négociations politiques.

• Interdiction en outre d'attaquer les officiers, de parler des formations nouvelles, de reproduire des articles parus dans les journaux étrangers.

• Avis de décès : ne doivent pas indiquer le lieu où le défunt est tombé.

• Interdiction de publier des articles concernant expériences ou mise en service d'engins nouveaux, des cartes postales ou illustrations reproduisant des canons ou des engins de guerre nouveaux ou du matériel ancien modèle, dans un paysage pouvant faire découvrir le lieu de l'emploi.

• Interdiction de publier des interviews de généraux.

• Surveiller tout ce qui pourrait sembler une propagande pour la paix.

- Interdiction de publier cartes postales renfermant scènes ou légendes de nature à avoir une fâcheuse influence sur l'esprit de l'armée ou de la population ; cartes postales représentant matériel nouveau, armes, engins de toute nature.
- Suppression des manchettes en tête des communiqués officiels.

Décret du gouvernement français, 5 août 1914

La guerre des civils

Il y a Clémence la brodeuse qui sait si bien écrire, l'infirmière Marie Gabrielle Mézergue, Marcel Proust, observateur de l'arrière, Colette en grand reporter, Jean Galtier-Boissière le journaliste, il y a des femmes de poilus, Lucie Valle, Marie-Thérèse Saint-Bonnet, Antoinette Després, il y a des enfants, fils et filles de combattants. Il y a des zones interdites ou envahies par les Allemands. Il y a des civils résistants fusillés par l'ennemi. Le champ de bataille de la Grande Guerre, c'est en bonne partie la France qui ne se résume pas à ses tranchées.

Brodeuse et dentellière, Clémence Martin-Froment a 29 ans en 1914. Cette fille de cordonnier appartient à une famille de huit enfants et trois de ses quatre frères sont mobilisés. Pendant toute la Grande Guerre, Clémence rédige un journal intime sur des cahiers d'écolier de petit format. Chronique de la vie quotidienne à Lubine, un village des Vosges de cinq cents habitants sous occupation allemande.

17 février 1915

La guerre pour moi n'a jamais été dans mes idées, mon vœu était plutôt qu'en Europe cessent ces guerres de conquête que dictent l'orgueil et l'ambition. Il aurait été à souhaiter que tous les gouvernements s'entendent et règlent pacifiquement leurs différends. Le XXe siècle aurait dû voir s'ouvrir l'ère de fraternité des peuples, car il me semblait que le monde marchait vers un degré supérieur de civilisation et je pensais et je désirais de tout mon cœur que tous les hommes finissent par s'unir dans la solidarité et dans la fraternité. Mais hélas! Cela a été tout autre.

12 juin 1915

C'est presque toujours parce qu'on est trop content de soi qu'on est si mécontent de tous les autres. Je ne jugeais pas les Allemands comme civilisés et lorsque je songe qu'au début de cette guerre, lorsque les premiers ennemis avaient envahi le pays, cependant, ils n'étaient pas nombreux; la haine et le mépris que j'éprouvais pour eux est impossible à décrire. J'aurais eu en ma possession une arme dangereuse, sans remords, sans rien, je les aurais tués sans pitié; et maintenant je ris de la terreur que tous les habitants de Lubine avaient.

12 juin 1915

Chose plus étrange, il existe entre nous une bonne et franche camaraderie. [...] Ne serait-il pas préférable que tous les hommes, ou plutôt les puissances, s'allient et fraternisent? Ne sont-ils pas égaux? Et pourquoi la mort des millions d'êtres humains? Pourquoi? Oui, pourquoi? Nul peut-être ne le sait. Les Allemands disent – et j'ai plutôt tendance à le croire – que l'Angleterre y est pour quelque chose. Il est vrai que la France avait envers l'Allemagne à se venger de la guerre de 1870. À quoi bon la vengeance?

5 juillet 1915

C'est l'ambition, la violation des droits, le mépris des traités qui engendrent et qui perpétuent les guerres entre les peuples; mais c'est du désintéressement, du généreux oubli de soi-même que naît l'amour de l'humanité. La guerre détruit; l'amour de l'humanité répare et fonde. La guerre arme les uns contre les autres, jusqu'aux enfants d'un même pays; l'amour de l'humanité nous montre des frères partout où se trouvent des êtres créés à notre image, quelles que soient la contrée qui les a vus naître, les lois qui les régissent, la religion qui les gouverne. Mais c'est tout le contraire, hélas! Les noms des héros qui ont bouleversé les empires, porté partout la désolation et la mort, sont restés gravés dans toutes les mémoires; il n'est point permis d'ignorer l'histoire de ces conquérants ambitieux, tandis que, trop souvent, en entendant nommer un homme de bien qui a consacré ses veilles, toutes les heures de sa vie à défendre le bonheur, la dignité de ses semblables, on se demande avec surprise ce qu'il était et dans quel temps il a vécu.

13 mars 1916

Ah! La guerre! La guerre! Comment donc a-t-elle pu exister au XXᵉ siècle! À ce siècle de progrès! Où tant d'hommes se disant civilisés de toutes ces puissances, dont aucune n'était arriérée, ont pu admettre une chose aussi horrible, barbare. Ma plume se refuse à en décrire davantage ; ensuite, elle ne peut dire toute l'amertume qui est en moi, en ce moment surtout.

Clémence MARTIN-FROMENT, *L'Écrivain de Lubine*

Janvier 1915

Il ne m'a pas fallu huit jours pour comprendre qu'ici, dans ce Verdun engorgé de troupes, ravitaillé par une seule voie ferrée, la guerre, c'est l'habitude, le cataclysme inséparable de la vie comme la foudre ou l'averse ; – mais le danger, le vrai, c'est de ne plus manger. Tout commerce cède le pas et la place à celui des comestibles : le papetier vend des saucisses et la brodeuse des patates. Le marchand de pianos empile, sur les Gaveau et les Pleyel fatigués qu'il louait naguère, mille boîtes de sardines et de maquereaux ; mais le beurre est une rareté de luxe, le lait concentré un objet de vitrine, et le légume n'existe que pour les fortunés de ce monde. Bizarres menus que ceux que nous cuisinons, mon hôtesse et moi. Le bœuf de l'intendance luit pour tout le monde, et son arrivée quotidienne est saluée par un quotidien murmure d'imprécations. Pot-au-feu, miroton sans oignons, rôti, bifteck russe haché, entrecôtes minute, – hélas, il est et reste pourtant bœuf. Que pensez-vous d'une salade de sardines et de macaronis froids ? Que vous semble d'un riz au lait sans lait, chapeluré de chocolat en poudre et de noix concassées ? Mais nous avions compté sans un panier, scandaleux, magnifique, de truffes, apporté par un permissionnaire du Lot, et qui parfuma, pendant dix jours, la maison entière. Il y eut aussi le jour mémorable du fromage à la crème, don d'un farinier de Verdun qui gardait une vache dans son jardin… Il y eut les dîners d'un restaurant clandestin, où l'on pouvait, par des petites rues noires, aller manger à la nuit close…

Manger, manger, manger… Eh oui ! Il faut bien. Le gel pince, la bise d'est creuse la faim de ceux qui passent les nuits dehors. Il s'agit de garder chaud dans les veines un sang qu'ici tous sont prêts à répandre en ruisseaux, à prodiguer sans mesure. À grand courage, grand appétit, et les estomacs des gens de Verdun ne sont pas de ceux que le danger resserre.

COLETTE, *Reportage à Verdun 1914-1918*

23 juillet 1916, vers Bar-le-Duc

Mes chers parents,

Verdun évidemment n'est pas le secteur rêvé... et tous nous sommes du même avis... sauf peut-être Messieurs les officiers des États-Majors qui existent à l'arrière mais pas dans nos coins où cela chie.

Bar-le-Duc est un joli pays mais où il manque la moitié des habitants qui ont peur des avions... Là-bas règnent en maîtres les embusqués... C'est écœurant. Quant aux commerçants ce sont des voleurs, une cuvette caoutchouc de 2 F est vendue 13 F, un poulet bien maigre 8,50 F... quant au vin, l'ordinaire n'existe plus car on l'a taxé et on ne boit que du soi-disant «mieux» que l'on paie 4 F la bouteille... Un modeste repas à Bar contre 5 francs !

Georges GALLOIS

Dans les localités où, depuis la guerre des tranchées, les troupes vont trouver un lieu-dit «de rafraîchissement», il s'est organisé des maisons de prostitution non clandestine mais libre, à personnel bénévole et réduit, partant d'autant plus dangereux. Dans chacun de ces villages, on peut dire qu'il existe actuellement deux ou trois femmes que les troupiers se passent au hasard des relèves et qui depuis plusieurs mois récoltent et transmettent tous les germes morbides possibles.

Dr H. VIRY

Maxence Van der Meersch naît à Roubaix en 1907. Écrivain à succès dans l'entre-deux-guerres, il publie en 1935 un roman consacré à l'occupation allemande dans le nord de la France.

La misère à Roubaix est inimaginable. La ville paraît une cité de moribonds... Les vieillards meurent, la tuberculose ravage l'enfance et l'adolescence. Au cimetière, on contemple avec stupeur les innombrables tombes de jeunes gens de 18 à 20 ans. [...] La faim règne, une faim désespérée, résignée, sans rage, ni fureur, ni révolte. On se sent dans les mains d'un ennemi trop fort. Surtout, on le sent affamé, traqué, aux abois comme soi-même. Pas une maison, pas un foyer où ne règne cette famine, ce vide abrutissant des ventres et des cervelles, une souffrance morne indéfiniment prolongée sans espoir. Le ravitaillement vient mal. Les canaux sont gelés. Et des trafiquants trop nombreux distraient en route un quart des vivres les meilleurs. Ce qui reste est à peine mangeable, et comme il faut le payer, on s'en passe encore le plus souvent. On n'a pas d'argent. On prend deux rations pour quatre. Les Allemands ont leurs cantines dans les usines, çà et là. Aux portes, des files d'êtres lamentables, femmes, vieux, gamins hâves et affamés, attendent une distribution de restes, l'aumône d'un fond de gamelle.

Maxence VAN DER MEERSCH, *Invasion 1914*

L'enfer de Verdun

Pour résumer la bataille de Verdun qui causa en trois cents jours 370 000 tués, blessés ou disparus côté français et 350 000 côté allemand, dans un secteur restreint de vingt kilomètres carrés arrosés par plus de cinquante millions d'obus pendant la seule année 1916, Paul Valéry écrit: «Verdun fut une manière de duel devant l'univers, une lutte singulière en champ clos.» Pourquoi cette valeur de symbole? Car après avoir subi de terribles revers, les Français ne font que renvoyer les Allemands à leur point de départ. Pourtant cette bataille joue un rôle décisif dans la victoire finale. Les Allemands, après avoir échoué à percer le front de Verdun, se lancent dans la guerre sous-marine, provoquant ainsi l'entrée en guerre des États-Unis. Le rapport de force tourne alors en faveur des Alliés... Verdun reste la plus emblématique, la plus traumatisante des batailles de la Grande Guerre: alors que 70 % des poilus français qui se battent en 1916 sont effectivement passés par Verdun, 100 % d'entre eux penseront y avoir participé.

Bellevue, le 29 juillet 1916

On a l'impression d'être la bête à tranchée, l'animal qu'on pousse à l'abattoir, peu importe comment. [...] Il faudra la hurler sur les toits, la vérité.

Dans ce secteur de Verdun, où l'on n'a eu à subir aucune attaque pendant quinze mois, il n'y a rien, rien, rien. Pas de tranchées! Pas de boyaux! Pas d'abris! Pas de fils téléphoniques! Pas de projecteurs! Pas de réserve de cartouches! Rien! Rien! Ce qui s'appelle rien!

Et maintenant, creuser des boyaux sous les tirs de barrage; amener des matériaux et des approvisionnements, c'est bien «chanceux».

Charles DELVERT, *Carnets d'un fantassin*

Émile Cyprien Driant a 59 ans en 1914. Militaire brillant, il avait été mis à l'index en 1905 lors de la loi de séparation des Églises et de l'État, comme nombre d'officiers catholiques. Après avoir quitté l'armée, il est élu député de Nancy et devient auteur à succès sous le nom de « Capitaine Danit ». À l'annonce de la mobilisation, il reprend du service malgré son âge et dirige Verdun sous les ordres du général Herr. Dès 1915, il alarme le pouvoir politique et l'état-major de l'insuffisance des moyens de défense sur ce secteur, s'opposant ainsi à Joffre. Le 21 février 1916, ses 1 200 chasseurs affrontent 10 000 soldats allemands. Ils tiennent deux jours. Driant est tué au combat du bois des Caures le 22 février 1916, à la tête de ses hommes. Les troupes qu'il a commandées seront décimées à 90 %.

Lettre d'Émile Driant à Paul Deschanel, président de la Chambre des députés, 22 août 1915

Nous pensons ici que le coup de bélier sera donné sur la ligne Verdun-Nancy. Quel effet moral produirait la prise d'une de ces deux villes ou des deux à la fois ! Or, s'ils y mettent le prix, et ils ont prouvé qu'ils savaient sacrifier cinquante mille hommes pour emporter une place, ils peuvent passer. [...] Si notre première ligne est emportée par une attaque massive, notre deuxième ligne est insuffisante et nous n'arriverons pas à la constituer : manque de travailleurs et j'ajoute : manque de fils de fer barbelés. Il y a, à l'intérieur, des corps entiers inoccupés, se morfondant dans l'oisiveté ou dans une série d'exercices surannés. Qu'on nous en envoie avec des outils, et du fil de fer qui manque dans notre place et qu'on nous promet pour le 10 septembre seulement.

Émile Cyprien DRIANT

En janvier 1916, le général Herr est commandant de la région fortifiée de Verdun. Autour de cette ville de la Meuse, 632 pièces d'artillerie françaises (parmi lesquelles 250 pièces lourdes seulement) défendent le front sur une centaine de kilomètres. En face, les Allemands alignent 12 000 canons, en majorité des pièces lourdes...

Janvier 1916

Je tremble tous les jours; si j'étais attaqué, je ne pourrais tenir, j'ai rendu compte au G.Q.G., on ne veut point m'écouter. Ce qu'il y eut de plus terrible pour moi, ce furent les «Jeunes-Turcs» du G.Q.G. À chaque demande de renforcement en artillerie, ils ripostaient par le «retrait» de deux batteries: «Vous ne serez pas attaqués. Verdun n'est pas un point d'attaque»...

Général HERR
Commandant de la Région fortifiée de Verdun

Lettre d'Émile Driant à sa femme Marcelle, la veille de sa mort

20 février 1916,

Je ne t'écris que quelques lignes hâtives, car je monte là-haut encourager tout mon monde, voir les derniers préparatifs; l'ordre du général Bapst que je t'envoie, la visite de Joffre hier prouvent que l'heure est proche et au fond, j'éprouve une satisfaction à voir que je ne me suis pas trompé en annonçant il y a un mois ce qui arrive, par l'ordre du bataillon que je t'ai envoyé.

À la grâce de Dieu! Vois-tu je ferai de mon mieux et je me sens très calme. J'ai toujours eu une telle chance que j'y crois encore pour cette fois.

Leur assaut peut avoir lieu cette nuit comme il peut encore reculer de plusieurs jours. Mais il est certain. Notre bois aura ses premières tranchées prises dès les premières minutes, car ils y emploieront flammes et gaz. Nous le savons par un prisonnier de ce matin. Mes pauvres bataillons si épargnés jusqu'ici! Enfin, eux aussi ont eu de la chance jusqu'à présent... Qui sait! Mais comme on se sent peu de chose à ces heures-là!

Émile Cyprien DRIANT

16 heures, il ne reste plus qu'environ 80 hommes autour du colonel Driant, du commandant Renouard et du capitaine Vincent. [...] Chacun s'efforce de sauter de trou d'obus en trou d'obus, cependant qu'une pièce allemande de 77 tire sans arrêt. Le colonel marche calmement, le dernier, sa canne à la main. Il vient

de faire un pansement provisoire à un chasseur blessé, dans un trou d'obus, et il continue seul sa progression, lorsque plusieurs balles l'atteignent: «Oh là! Mon Dieu», s'écrie-t-il. Le député de Nancy s'abat face à l'ennemi, sur cette parcelle de terre lorraine.

16 mars 1916

À Marcelle Driant, veuve d'Émile Driant tué dans le bois des Caures le 22 février 1916

Mon fils, Lieutenant d'artillerie qui a combattu vis-à-vis de Monsieur votre mari, me dit de vous écrire et de vous assurer que Monsieur Driant a été enterré, avec tout respect, tous soins, et que ses camarades ennemis lui ont creusé et orné un beau tombeau [...]. On va soigner le tombeau de sorte que vous le retrouverez aux jours de paix...

Baronne SCHROTTER

À 33 ans, Abel Ferry, neveu de Jules Ferry, est nommé secrétaire d'État aux Affaires étrangères dans le premier gouvernement de la guerre de 1914-1918. Réformé pour raisons médicales, il donne sa démission le 3 août 1914. Celle-ci est refusée. Devenu parlementaire, il défend tout au long du conflit une conduite énergique des opérations. Il est mortellement blessé par un obus et meurt le 15 septembre 1918. Son journal est publié en 1957.

20 mars 1916

Peu de défenses, une rivière débordée à dos, des moyens de ravitaillement insuffisants, telle était la situation de nos troupes devant Verdun. Le G.Q.G. par manque d'imagination s'était refusé à établir les chemins de fer à voie normale demandés par les commissions parlementaires. La plupart des améliorations en cours de nos voies ferrées et travaux dataient de l'offensive allemande sur Verdun. Le *Kronprinz* avait obtenu en quatre jours du G.Q.G. français ce que les commissions parlementaires n'avaient pu obtenir en un an.

Abel FERRY, *Carnets secrets*

1er avril 1916

La lutte continue à Verdun, avec des alternatives sanglantes d'avance et de recul. [...] quand on songe que nous qui sommes l'âme de la coalition, avons de si effarantes négligences : le ravitaillement de l'armée de Verdun en est un exemple saisissant : les Boches avaient huit voies d'accès, ils en ont rajouté six. Nous avions une voie unique et étroite, nous avons vécu au jour le jour, attendu le choc sans rien préparer. Il a fallu improviser avec des autos qui arrachent les routes ; on construit actuellement quand c'est trop tard. Toujours les mêmes fautes : provenant du manque de gouvernement, du manque de responsabilités, de l'absence de sanctions, de l'ignorance et de l'insouciance honteuse de nos vieux généraux qui passent leur temps à des revues de barbes et de cheveux.

Adjudant Édouard CŒURDEVEY, *Carnets de guerre, 1914-1918*

Jeudi 6 avril

C'est vraiment une vision de mort, de destruction acharnée, ce ravin. Des morts partout, dans toutes les positions, à côté de trous d'obus qui font du sol une mer en furie ! Les arbres déchiquetés. Tout le coteau en face de nous a reçu des dizaines de milliers d'obus ! Les arbres semblent des petits bouts d'allumettes plantés çà et là au bord des trous d'obus ! Sur notre versant, on travaille avec activité : ce coteau nu à notre arrivée se creuse de gourbis. Des soldats sapeurs passent avec des gros rondins sur l'épaule. On creuse, on creuse. Dire que tous ces cadavres-là en bas auraient pu être évités en partie si on avait prévu la défense de Verdun. Nous sommes là dans des positions de repli où il n'y avait rien. Rien de prêt, ni même de préparé ! Peut-on nier qu'il y a des coupables ? On enterre les cadavres dans le gros trou de 305. Cela répand une odeur atroce.

Maurice MARÉCHAL

Jean Giono a 19 ans en 1914. Il fréquente les champs de bataille entre 1915 et 1918 et il est engagé à Verdun comme une grande majorité de poilus français.

Je te reconnais, Devedeux qui a été tué à côté de moi devant la batterie de l'hôpital en attaquant le fort de Vaux. Ne t'inquiète pas, je te vois. Ton front est là-bas sur cette colline posé sur le feuillage des yeuses, ta bouche est dans ce vallon. Ton œil qui ne bouge plus se remplit de poussière dans les sables du torrent. Ton corps crevé, tes mains entortillées dans tes entrailles, est quelque part là-bas sous l'ombre, comme sous la capote que nous avons jetée sur toi parce que tu étais trop terrible à voir et que nous étions obligés de rester près de toi car la mitrailleuse égalisait le trou d'obus au ras des crêtes.

Je te reconnais, Marroi, qui as été tué à côté de moi devant la batterie de l'hôpital en attaquant le fort de Vaux. Je te vois comme si tu étais encore vivant, mais ta moustache blonde est maintenant ce champ de blé qu'on appelle le champ de Philippe.

Je te reconnais, Jolivet, qui as été tué à côté de moi devant la batterie de l'hôpital en attaquant le fort de Vaux. Je ne te vois pas car ton visage a été d'un seul coup raboté, et j'avais des copeaux de ta chair sur mes mains, mais j'entends, de ta bouche inhumaine, ce gémissement qui se gonfle et puis se tait.

Je te reconnais, Veerkamp, qui as été tué à côté de moi devant la batterie de l'hôpital en attaquant le fort de Vaux. Tu es tombé d'un seul coup sur le ventre. J'étais couché derrière toi. La fumée te cachait. Je voyais ton dos comme une montagne.

Je vous reconnais tous, et je vous revois, et je vous entends. Vous êtes là dans la bruine qui s'avance. Vous êtes dans ma terre. Vous avez pris possession du vaste monde. Vous m'entourez. Vous me parlez. Vous êtes le monde et vous êtes moi. Je ne peux pas oublier que vous avez été des hommes vivants et que vous êtes morts, qu'on vous a tués au grand moment où vous cherchiez votre bonheur...

Jean GIONO, *Refus d'obéissance*

J'ai oublié de dire que depuis plus de dix jours aucun de nous n'a de fusil, ni de cartouches, ni de couteau, ni de baïonnette. Mais nous avons de plus en plus ce terrible besoin qui ne cesse pas, qui nous déchire. Surtout depuis que nous avons essayé d'avaler de petites boulettes de terre pour calmer la faim, et aussi parce que cette nuit il a plu et, comme nous n'avions pas bu depuis quatre jours, nous avons léché l'eau de la pluie qui ruisselait à travers les rondins et aussi celle qui venait de dehors et qui coulait chez nous par-dessous le cadavre qui bouche la porte. Nous faisons dans notre main. C'est une dysenterie qui coule entre nos doigts. On ne peut même pas arriver à jeter ça dehors. Ceux qui sont au fond essuient leurs mains dans la terre à côté d'eux. Les trois qui sont près de la porte s'essuient dans les vêtements du mort. C'est de cette façon que nous nous apercevons que nous faisons du sang. Du sang épais, mais absolument vermeil. Beau. Celui-là a cru que c'était le mort sur lequel il s'essuyait qui saignait. Mais la beauté du sang l'a fait réfléchir. Il y a maintenant quatre jours que ce cadavre bouche la porte et nous sommes le 9 août, et nous voyons bien qu'il se pourrit. Celui-là avait fait dans sa main droite ; il a passé sa main gauche à son derrière ; il l'a tirée pleine de ce sang frais. Dans le courant de ce jour-là, nous nous apercevons à tour de rôle que nous faisons du sang. Alors, nous faisons carrément sur place, là, sous nous. J'ai dit que nous n'avons plus d'armes depuis longtemps ; mais nous avons tous notre quart passé dans une courroie de notre équipement, car nous sommes à tous moments dévorés par une soif de feu, et de temps en temps nous buvons notre urine. C'est l'admirable bataille de Verdun.

Jean GIONO, *Recherche de la pureté*

Des corps meurtris

Entre 1914 et 1918, sur les 8,5 millions d'hommes mobilisés, la moitié sont blessés, défigurés, amputés, brûlés, gazés, paralysés, aveugles, et porteront ces stigmates jusqu'à la tombe. Beaucoup sont victimes de l'insuffisance logistique qui caractérise les premiers mois de combat, les plus sanglants. En face d'eux, dix mille cinq cents médecins, là où il en faudrait au moins douze mille de plus. Cinq trains sanitaires, là où il en faudrait au minimum cent vingt pour acheminer les blessés vers les hôpitaux permanents de l'arrière – qui ne suffisent pas. Des hôpitaux complémentaires et temporaires sont improvisés dans des hôtels, des casinos, des écoles, des églises, des châteaux, des couvents, des gares, des pensionnats, des villas, des internats. Et dans ces lieux improbables, les « anges blancs », soixante et onze mille infirmières, qui contribuent fortement à amorcer l'émancipation des femmes.

Marie-Gabrielle Mézergue a 18 ans en 1914. Originaire de Monsempron-Libos dans le Lot-et-Garonne, elle est, tout comme sa mère, l'une de ces nombreuses infirmières qui soignent les blessés français. Au printemps 1916, elle exerce ses talents dans un train sanitaire stationné à l'ouest de Reims, en gare de Montigny. Elle y soigne des cohortes de blessés en provenance de Verdun, dans une zone où il arrive que le train soit pris pour cible par les obus allemands.

Les évacuations de blessés sont incessantes, on les voit monter au front un jour et redescendre le lendemain avec les membres arrachés. On fait les pansements à la va-vite (il y a tant à faire), plus de charpie (mais oui), plus de bandes, plus d'anesthésiques, plus de désinfectants.

Les nouvelles sont rares, on parle toujours de la même petite colline, du même petit bout de terrain qui chaque jour pris ou perdu par les Français ou les Allemands change de physionomie, tous les jours, bombardé, creusé, retourné par l'artillerie lourde qui, de loin, vise ce point (peut-être stratégique, mais peut-être inutile) où tant de malheureux ont trouvé la mort sans trop savoir pourquoi.

Ces hommes, maintenant souillés, couverts de poussière et de sang, vêtus d'uniformes en loques, troués par les balles ou coupés pour les pansements, gémissent ou se plaignent douloureusement… Les portes de tous les fourgons sont ouvertes ; quand on s'en approche, une odeur âcre de sang, de transpiration et de fièvre nous prend à la gorge

Marie-Gabrielle Mézergue

Blessé le 9 septembre 1914 par un éclat d'obus, pendant la première bataille de la Marne, Léon Hugon est envoyé à l'hôpital de Tulles où il meurt du tétanos le 22 septembre 1914, le jour de l'anniversaire de sa femme Sylvanie. À 25 ans, elle reste seule avec un petit garçon de deux ans et demi.

Tulles, le 18 septembre 1914
Bien chère Sylvanie,
Je ne peux pas m'empêcher de te dire que je suis dans une très mauvaise position, je souffre le martyre, j'avais bien raison de te dire avant de partir qu'il valait mieux être mort que d'être blessé, au moins blessé comme moi. Toute la jambe est pleine d'éclats d'obus et l'os est fracturé.

Tous les jours quand on me panse, je suis martyr, lorsque avec des pinces, il m'enlève des morceaux d'os ou des morceaux de fer. Bon Dieu, que je souffre ! […] Je t'assure que c'est triste dans ma chambre, nous sommes 29, personne ne peut se bouger, des jambes cassées et des bras ou de fortes blessures et presque tous des réservistes comme moi. Je te dirai que je passe des mauvaises nuits, si l'on m'avait évacué jusqu'à Agen, tu serais bien venue me soigner et je serai été content d'être auprès de toi. Et toi aussi ma chère Sylvanie, de me voir, ça serait été triste et une joie, pas comme si je n'avais pas été blessé ; mais que faire, c'est ma destinée. […]

Prie Dieu pour moi, qu'il me délivre de la souffrance.

Je t'embrasse bien fort sur chaque joue avec Gaston le petit chéri.

Ton cher ami Léon Hugon

Edmond Désiré Renault a 23 ans en 1914.

Vers les 3 heures de l'après-midi, […] je suis atteint d'une balle au côté gauche, je ressens une grande douleur, comme si l'on me brisait les os. La balle m'a traversé dans toute ma longueur en passant par le bassin et s'est logée au-dessus du genou. Aussitôt je ressens une grande souffrance et une fièvre brûlante. Les balles continuent à pleuvoir autour de moi, je risque d'être de nouveau atteint ; je fais donc tout mon possible pour me traîner dans un trou, j'ai bien du mal à m'y blottir. Le combat est terminé, tous mes camarades ont battu en retraite, et nous les blessés, nous restons abandonnés, sans soins, mourant de soif. Quelle affreuse nuit. Rien que la fusillade, car à chaque bruit que fait un blessé, la fusillade reprend, au beau milieu de la nuit, la mitrailleuse balaye le terrain, les balles me passent par-dessus la tête, mais elles ne peuvent plus m'atteindre dans mon trou, la soif me torture de plus en plus, j'arrache des poignées d'avoine que je mâche. […] La nuit s'avance, comme je souffre, je pense alors à mes parents, surtout ma mère, comme quand j'étais malade et que j'étais tout petit, et je ne suis pas seul à penser à ma mère, car j'entends les blessés et les mourants appeler leur maman. Enfin la nuit s'achève, le petit jour commence à paraître, […] je souffre toujours de la soif… Souvent je sors la tête hors de mon trou pour voir s'il ne vient pas des personnes pour nous ramasser, mais je ne vois toujours rien ; une nouvelle torture vient aussi s'ajouter aux autres : depuis que le soleil s'est levé, les mouches attirées par l'odeur du sang s'acharnent après moi, elles sont si méchantes que je ne peux m'en débarrasser. […] On m'installe dans une automobile qui m'emporte à l'asile Marlame qui est un orphelinat où plusieurs salles ont été aménagées pour recevoir et soigner des blessés ; une bonne sœur me fait mon pansement avec beaucoup de soins. Comme je souffre beaucoup, le docteur me fait une piqûre de morphine. Un prêtre aussi vient m'encourager. […] Lorsque le 25 août à midi un obus vient tomber dans la salle, personne ne s'y attendait, il fait donc un affreux massacre. La sœur supérieure est atteinte en pleine poitrine, deux infirmiers, deux soignés, plusieurs infirmières sont tués net. Dans leurs lits, plusieurs de mes camarades sont blessés ; d'autres obus continuent à éclater, c'est une épouvantable panique, les infirmiers, les infirmières et les moins blessés se sont réfugiés dans une cave. Seule une brave sœur est restée avec nous. Les obus continuent à tomber sur l'asile. la brave sœur, toute seule ne peut nous transporter, elle va dans la cave chercher des infirmiers, mais elle ne peut les décider à venir à notre secours, seul le vieux jardinier et une petite infirmière viennent nous chercher, un par un, ils nous descendent dans la cave. Mon tour arrive mais ce n'est pas un transport bien facile [...] par-dessus les corps des morts qu'il faut enjamber, les murs écroulés, les débris de toutes sortes. [...] Une minute de plus, la brave sœur et le vieux jardinier étaient victimes de leur dévouement. Pendant plusieurs heures qui nous semblent des siècles, nous restons dans cette cave, qui, heureusement pour nous, est très solide. L'on entend la prière, car dans ce véritable tombeau, tout le monde prie. [...] au-dessus de nous l'asile brûle ; les obus ont mis feu, c'est un véritable brasier ; puis le feu tombe par les soupiraux et enflamme la paille sur laquelle nous sommes couchés. Alors c'est un véritable sauve-qui-peut, les femmes, les enfants, les vieillards et les moins blessés se sont enfuis, et moi qui ne peux faire un mouvement, je reste abandonné avec plusieurs de mes camarades, le feu se rapproche de nous. Alors je me traîne, jusqu'au bas des marches, mais quelle souffrance j'ai endurée ; je crache du sang à pleine bouche. Enfin plusieurs hommes et des soldats arrivent, un jeune homme me charge sur son dos et me sort du brasier avec bien des difficultés, car l'entrée est à moitié obstruée par les décombres tout embrasés ; enfin nous voilà sortis, nous sommes à cent mètres à peu près de l'asile tout en flammes, lorsqu'un obus passe au-dessus de nos têtes en sifflant, il va éclater devant l'asile, l'explosion a fait rouler mon sauveteur qui se relève et s'enfuit malgré mes supplications de m'emporter, mais il n'entend rien, il court à toute vitesse, je suis encore abandonné couché dans un ruisseau. Tout autour de moi, je ne vois que des maisons en flammes ; par instants un obus éclate dans ces brasiers et projette le feu à une très grande distance. Je ne suis pas très longtemps là, à peine un quart d'heure ; je vois passer un homme en courant, je l'appelle, il vient à moi, me charge sur ses épaules et m'emporte. Il faut que le courageux sauveteur traverse une rue dont les maisons brûlent de chaque côté, les tuiles et les briques tombent de chaque maison, mais j'ai la chance de ne pas être atteint.

Edmond Désiré RENAULT

23 février 1916

Tout saute autour des tranchées. La fumée des éclatements est comme un brouillard. Les blessés agonisent sans soins ; ils sont trop. De tous les coureurs envoyés aux ordres, pas un ne revient. Les cartouches manquent, on prend celles des morts. À 8 heures du soir, un obus tombe en plein dans la tranchée, semant les blessés et les cadavres. Une cervelle est sur ma capote, je suis plein de sang des copains. Au fracas des obus, se joignent les plaintes des agonisants. La neige tombe, il fait très froid. On se bâtit un abri avec les cadavres.

Edmond BOUGEARD

24 février 1916

Les blessés arrivent en foule à la caserne où tout le bâtiment de gauche est transformé en hôpital. Les majors opèrent sans discontinuer. Et, le croirait-on, les bras, les jambes, les mains, amputés, gisent pêle-mêle comme un tas d'ordures devant la façade de la caserne.

Frank ROY

24 février 1916

Les premiers blessés sont apportés et il en arrive de toute part. Tout est occupé jusqu'aux moindres recoins. C'est l'engouffrement par toutes les ouvertures de ces pauvres poilus qui tombent dans nos bras, hébétés, hagards, les yeux figés par l'horreur qu'ils ont vue et les traits contractés par la souffrance surhumaine qu'ils éprouvent. L'un, entre autres, est dans un état pitoyable de prostration et d'anéantissement. Sentant l'urine et les matières fécales, et dégageant une odeur de cadavre. Ce pauvre diable, blessé par des éclats d'obus qui lui ont broyé la cuisse, est resté pendant deux jours à moitié enfoui dans le trou que l'obus meurtrier avait creusé, contre le cadavre d'un de ses camarades, tué à côté de lui.

J'ai vu l'un des soldats couvert d'une telle quantité de poux, que les différentes parties des pansements en étaient envahies jusqu'aux plaies. C'est une vraie boucherie pleine de sang et de râles. Près d'une bougie, l'aumônier, les mains pleines de sang, n'arrête pas de panser les blessures. Je dors debout, du moins je somnole, je vis comme un automate. Mon blessé pousse des cris horribles et d'autres encore hurlent comme des forcenés. Les cris de souffrance nous masquent une canonnade formidable.

Dr Léon BAROS

Vendredi 13 avril 1916

Les médecins, sans galons apparents, sont chaussés de sabots, et s'enveloppent dans leur cache-nez. Il est à peu près impossible de les distinguer des brancardiers qui semblent les entourer d'un respect affectueux.

Deux de nos collègues infirmières, l'une vieille, l'autre jeune, décorées toutes les deux, ne pensent guère plus au danger qu'à leurs blouses maculées de boue, à leurs mains que le froid rougit. On a voulu les faire partir, elles s'y sont énergiquement refusées, pensant que hélas, bientôt les ambulances se rempliraient de nouveau.

Lentement, les brancards sont hissés dans les wagons, le chirurgien qui, bien des fois peut-être, a tenu entre ses mains la vie de plusieurs de ceux que l'on charge là, monte dans une voiture et, se découvrant respectueusement – ce mot-là est le seul vrai – embrasse comme un père sur les deux joues cinq des amputés, qui lui rendent son baiser.

[...]

18 avril 1916

Il y a un désordre fou. Personne ne sait rien, tout le monde se fâche. Il y a à cette seule ambulance 6 000 blessés et de la place pour 3 000 ! Ces gens-là n'ont pas mangé depuis 2 jours, il pleut et ils ont froid dehors. Les pansements ne sont pas faits. Il y a là 1 000 nègres qui sont furieux et qui se fâchent. Ils ont mis 3 grenades dans l'hôpital. Il faut de la cavalerie pour les disperser. Un officier les bat, c'est écœurant !

Marie-Gabrielle MÉZERGUE

Sans les femmes

À l'arrière comme sur le front, la misère des poilus ne se limite pas uniquement aux épreuves de la faim, du froid, de la dysenterie et des poux. Beaucoup éprouvent une profonde misère sexuelle, une chasteté subie qui explique les efforts de certains privilégiés pour faire venir leur femme ou leur maîtresse à proximité du front, l'ambiguïté du statut de « marraine de guerre » et la flambée de la prostitution et des maladies vénériennes. On compte environ deux cent ciquante mille combattants français déclarés soignés pour maladies vénériennes à partir de 1916. Jusqu'à cette date, les poilus contaminés sont suspectés de lâcheté volontaire. Ils sont hébergés à part, vêtus d'un costume qui les distingue des autres, avec un parement jaune au col de la vareuse et à la face externe de chaque jambe de pantalon. Dans le même temps, l'État encourage l'édition de cartes postales grivoises : il est clair que les fantasmes érotiques des poilus servent d'antidote à l'esprit de rébellion. L'armée va même jusqu'à contrôler des bordels militaires à partir de mars 1918.

Parlementaire belge, ardent socialiste, Georges Hubin participe à toutes les luttes sociales que mène le mouvement ouvrier au début du XXᵉ siècle. Il est engagé volontaire en 1914 à 51 ans. Il consigne ses souvenirs du front dans ses Mémoires.

Dans la troupe, malgré les défenses formelles ou soi-disant telles, de nombreuses épouses légitimes et non légitimes avaient trouvé le moyen de se faufiler dans les villages. Les consignes avaient été faciles à tourner. Il avait suffi d'envoyer aux dames désireuses de venir faire leurs derniers adieux à leurs chéris des lettres d'invitation écrites par des habitants complaisants des villages, les priant de venir passer la guerre chez eux. Et il se trouva que tous les habitants avaient dû être complaisants, car, ce 20 août 1914, les villages regorgeaient d'invitées élégantes, parfumées, dissimulées derrière les rideaux de grosse toile rustique des maisons paysannes. Cinq, six de ces aimables dames se trouvaient parfois dans la même maison. Et les habitants, qui ne voulaient pas vendre leurs pommes de terre ou leur vin aux troupiers affamés, couchaient dans la paille pour louer avantageusement leurs lits familiaux aux belles dames qui n'y couchaient jamais seules, bien entendu.

Georges HUBIN, *Mémoires*

À l'ambulance 11/4 il y a actuellement, nous dit-on, cent cinquante vénériens... Et on laisse se multiplier la maladie honteuse. Il y a quelque temps une circulaire confidentielle indiquait comme palliatif l'encouragement discret à l'installation de maisons publiques. Résultat: on n'a pas installé d'établissements pour les faibles, on a seulement fermé les yeux plus fort sur les consolatrices semeuses de misères pourries...

Édouard CŒURDEVEY, *Carnets de guerre*

Je n'oublierai pas la date de ton triste départ à la guerre du 13 octobre 1914, presque trois ans déjà! La noce, tu ne la feras qu'avec moi, un jeune homme ne doit penser qu'au bonheur du mariage et laisser les marchandes de sourires. Ces femmes n'aiment pas et ne le peuvent pas. L'argent est seul à l'origine de leurs soi-disant caresses.

Jeanne LE DOUAREC à son mari Armand, 1917

Joseph Delteil, fils d'un bûcheron ariégeois et d'une mère illettrée, s'imposera après la guerre comme un écrivain de renom.

Un jour d'avril, entre deux assauts, le poilu et la Madelon font l'amour. C'est dans un village de l'arrière, du côté de Verdun, au cabaret des «Tourlourous». Ils font l'amour. Chut! pas de scandale! Ici, j'en appelle au peuple. Le peuple ne s'y trompe pas: quelque select aujourd'hui que soit devenu le mot, pour le peuple, un poilu c'est un homme à poil. La chambre est piètre et dure.

Dans un coin, un lavabo inqualifiable. Le lit est gris. Ah ! il ne fait pas de chiqué, le poilu ! Il y va avec tout son cœur, avec tout son ventre. La Madelon soupire, au fond de l'enlacement. Toute la sève du monde afflue à deux bouches. Un choc de poitrines résonne comme un cristal. Aveux de dents et d'eaux ! En bas, on entend un potin du diable. Des soldats hurlants de vins boivent. Le cabaret est bleu de capotes, rouge de dépoitraillements.

Joseph DELTEIL, *Les Poilus*

René Naegelen est apprenti pâtissier. Il a adhéré très jeune, en 1911, à la SFIO, et deviendra journaliste et député après la guerre.

Elles savent, les mâtines, que les poilus, les vrais poilus des tranchées, sont des clients sérieux, tandis que les embusqués de l'intendance, du génie et des états-majors viennent au bordel pour voir et rigoler seulement. La prostituée n'a dès lors plus de raison de s'attarder avec cet homme, ce pauvre bougre qui s'est privé de pinard et de cigarettes durant des semaines entières, afin de pouvoir la posséder quelques secondes.

Elle ne fait pas de sentiments, elle a supprimé les cocos, les chéris et les baisers. D'autres clients l'attendent...

René NAEGELEN, *Les Suppliciés*

Les musiciens

Derrière les poilus se cachent parfois des musiciens. Employés dans la fanfare entre deux combats, plus souvent comme brancardiers, et beaucoup plus rarement comme concertistes lorsque les officiers d'état-major se donnent un peu de bon temps. Lucien Durosoir et Maurice Maréchal sont d'abord exposés dans les pires combats : le Chemin des Dames, Neuville-Saint-Vaast, Haudremont, les Éparges, Verdun. La guerre projette dans leurs lettres et dans leurs carnets la partition de leurs états d'âme. À 38 ans, le violoniste Lucien Durosoir est passé de soldat de seconde classe à brancardier puis à soldat colombophile. À 22 ans, le violoncelliste Maurice Maréchal, après avoir été estafette cycliste et agent de liaison, devient lui aussi brancardier. Ses amis poilus lui fabriquent un violoncelle de guerre avec les planches d'une porte et d'une caisse de munitions. Durosoir et Maréchal vénèrent leurs mères. Au bout de quelque temps, les généraux les utilisent pour entretenir le moral des troupes embourbées dans la glaise en donnant des concerts dans les tranchées. Au repos, les deux amis jouent dans les services funèbres et pour les officiers. Ils finissent par former un quatuor à cordes avec André Caplet et le pianiste Henri Magne.

19 novembre 1914

Chère mère,

Il y a un sujet dont je veux parler, ce qui m'ennuie un peu, car je ne veux pas t'effrayer, mais il est tellement important que je vais le dire tout de même. Tu sais que dans cette guerre, surtout maintenant que nous sortons des tranchées, les corps à corps sont fréquents. Or, dans les boyaux des tranchées, le fusil et la baïonnette sont des armes peu pratiques : si tu heurtes la paroi avec ton arme te voilà désarmé ; il faut que tu sautes comme un chien sur ton adversaire. Si j'en parle c'est que je l'ai vu ; or il faudrait des armes courtes ; les officiers en sont munis, mais on néglige de nous en donner : la vie des hommes est si peu de chose pour certains d'entre eux. Je voudrais que tu m'envoies : premièrement, un couteau, dit de chasse, coupant et acéré, avec un manche solide et fait ainsi [dessin] ; je n'ai pas besoin de luxe dans cette arme, mais que l'acier soit de première qualité ; [...]. Deuxièmement, un pistolet automatique à 6 ou 7 coups et 25 cartouches. De posséder deux armes ainsi sur moi cela peut me sauver la vie dans bien des circonstances. Je l'ai vu dernièrement : un sergent, un de mes camarades, complètement désarmé, n'a dû l'existence qu'à son pistolet automatique avec lequel il a abattu trois Boches, ce qui a donné le temps d'accourir à son secours. Pour cette dernière arme, comme pour la première, aucun luxe, mais de la bonne qualité. Ne t'effraie pas, ce n'est pas parce que j'aurai cela que je m'en servirai, mais j'aime mieux les avoir.

Lucien Durosoir

10 août 1914

Après-demain, dans 3 jours peut-être les balles vont pleuvoir et qui sait ? Si j'allais ne pas revenir, si j'allais tuer ma mère, assassiner ma mère, volontairement ? Oh, que m'est-il réservé ? Pardon, Maman ! J'aurais dû rester, travailler mon violoncelle pour vous, pour vous qui avez fait tant de sacrifices, pour petite mère, déjà malade ! Mon Dieu, pourvu que son désespoir n'aille pas l'aliter ! Oh ! Que je suis coupable et que je manque de réflexion ! Je vais faire tout ce que je pourrai pour quitter cette compagnie où comme cycliste, je suis vraiment trop exposé ! Si j'étais à la Croix-Rouge, je serais du moins plus sûr de revenir. Je ne suis pas, je ne veux pas être lâche, mais l'idée que je pourrais, pour une balle idiote qui ne prouvera rien ni pour le Droit ni pour la Force, gâcher tout mon avenir et surtout briser tout l'édifice édifié péniblement par ma chère petite mère au prix de tant et tant de sacrifices, je suis pris d'un tremblement d'angoisse qui me tord ! Et pourtant, il faut marcher. Tant pis, je suis parti, ça y est, je ne peux plus revenir ! Et comme je désire pourtant, en ce moment, une heure de calme repos, chez nous, sous le toit familial, près de mes êtres chers... Allons, ne nous amollissons pas ! Que diable ! Pour un Français !! Que diraient nos nobles dames et les gentes demoiselles qui, pour un éventail, feraient s'éventrer deux des plus fiers, parmi les beaux chevaliers de leur cour! Allons, soyons gai, courageux, confiant!

Maurice MARÉCHAL

Dimanche 27 septembre 1914

Le soir arrive, le soleil se couche. Comme tout devient beau: le ciel, les arbres, les collines. Toutes les silhouettes se précisent et le petit clocher de Thil se profile, découpé dans du papier noir sur le fond orange des cieux. La fumée des derniers obus erre lentement, emportée par le vent, tout est tendre, grand, auguste, solennel.

Alors, on se lève sans bruit, on ramasse les sacs, le fusil et on reprend la route du cantonnement, tandis que des régiments reposés viennent nous remplacer sur les positions. Il fait froid, les mains gèlent sur le guidon, et on ne sait pas bien, oh non vraiment, si on a fait quoi que ce soit d'utile pour la Patrie! On n'a pas agi!

Maurice MARÉCHAL

Thil, 23 octobre 1914

La petite église à moitié éventrée, l'intérieur mis à sac. Au milieu des plâtres et des pierres effondrées, une chaise est redressée. On est venu prier dans ce chaos, le livre est encore ouvert sur le dossier. Les arbres sont déchiquetés, les racines tordues gémissent vers le ciel, une tombe d'un soldat français, quelques pelletées de terre sur le mort de qui on aperçoit les deux bouts de soulier, sont autant d'éloquentes choses qui réclameraient bien davantage urgence que les articles haineux des journaux de Paris! Saint-Saens contre Wagner. Quelle bêtise! Parce que des brutes ont assassiné, vouloir à toute force s'attaquer aux génies de l'autre race pour les renverser sinon les amoindrir! Toutes ces querelles passeront, heureusement, et les œuvres vraiment dignes de vivre resteront, malgré les crimes, malgré la méchanceté, malgré les criailleries des journalistes en mal de patriotisme!

Maurice MARÉCHAL

Si je ne me battais pas, je souillerais à jamais toutes mes heures futures. Plus de joies pures, plus d'enthousiasme, plus d'exaltation pour le Beau. Car je rougirais d'avoir tremblé pour ma vie! Pour regarder le soleil mourir sur la mer, il faut avoir osé soi-même regarder la mort en face.

Maurice MARÉCHAL

La guerre à l'école

Après la défaite de 1871, les enfants sont éduqués pour devenir des « défenseurs de la patrie ». Publié en 1877, Le Tour de la France par deux enfants, qui développe la nostalgie des provinces perdues, est encore tiré à 7,4 millions d'exemplaires en 1914. Pour le gouvernement qui craint la dérobade des conscrits devant l'appel d'une guerre assassine, toucher l'enfant, c'est toucher sa famille. Sur les cartes postales de propagande, les bébés et les enfants finissent comme leurs pères par troquer le képi contre le casque de poilu. C'est l'Union sacrée. L'école publique, comme l'Église, donnent à tous le sens du dévouement et du sacrifice total à la patrie ; celui de la haine de l'ennemi en général et du « Boche » en particulier. Fers de lance de la propagande, elles endoctrinent l'enfance. Durant quatre ans, dans les leçons, les devoirs et exercices, la guerre est partout. Les éditeurs scolaires et ceux pour la jeunesse sont complices Abécédaires, livres de lecture, livres de prix et bandes dessinées glorifient ses héros : Bécassine et Les Pieds Nickelés s'en vont en guerre...

Les marraines de guerre voient le jour en 1915 avec la création, le 11 janvier, de la première association des marraines de guerre : « La Famille du Soldat ». Les cadettes noëlistes, organisation catholique de petites et jeunes filles, deviennent les anges gardiens de soldats sans famille ; elles leur écrivent des lettres et leur envoient des colis. L'objectif est de soutenir le moral des soldats. Pour le ministre de l'Instruction publique, Albert Sarraut, le moral de la nation a comme « agents discrets les élèves eux-mêmes ». Les « marraines » devraient être de petites écolières. Elles sont aussi à l'occasion des jeunes filles à marier, des vieilles filles en mal de mari ou des femmes très libérées.

15 janvier 1916 : un jeune sous-lieutenant nommé Boucault qui dirige la 21ᵉ compagnie du 277ᵉ régiment d'infanterie écrit à la marraine de guerre de sa compagnie... Elle s'appelle Antoinette Chassanite ; elle a 11 ans... Elle habite Chouarcé, un gros bourg de l'Anjou, où son papa,

petit commerçant marié tardivement et père de cinq enfants, n'a pas été mobilisé étant donné son âge avancé. À l'école, Antoinette déchire des vieux draps avec les autres élèves pour en faire de la charpie et des pansements. Vers le 20 décembre 1915, Antoinette a envoyé au front un colis et une lettre pour le Noël de ses filleuls de guerre. Quelques semaines plus tard, elle reçoit un message collectif en forme de poème, décoré d'une frise de liserons et accompagné d'une illustration et de deux fleurs séchées… Antoinette ne sait pas qu'elle perdra son père en 1917.

À notre petite amie chérie Antoinette Chassanite
À Chouarcé
Nous avons bien reçu, ravissante écolière
Ton cher petit paquet, là-bas, à la frontière !
Nous l'avons partagé ce soir entre nous tous
En lisant ton billet si mignon et si doux…
Les chers vœux de Noël, ô gentille Antoinette,
Nous ont beaucoup émus, adorable fillette,
Et vite à Chouarcé nous t'envoyons ce soir
Le plus gros des baisers, te disant : au revoir…
Et d'embrasser pour nous, Antoinette chérie,
Tes chers et bons parents aimant tant leur Patrie
Et nous tous tes amis, Poilus du 277 et de la 21e compagnie.

Ce 15 janvier 1916

Avant la guerre, l'école mobilise déjà les enfants dans un esprit de revanche avec, entre autres, les bataillons scolaires et les concours de tir. À partir de 1914, l'embrigadement s'intensifie. Morales revanchardes, rédactions, dictées édifiantes et exercices de calcul sont au service de la propagande.

René Devesly a 8 ans en 1916. Il est élève de l'école de Mézière dans l'Eure. Son cahier de devoirs mensuel est à l'image de la propagande anti-allemande qui envahit les manuels, les programmes et les devoirs scolaires.

Vendredi 1er février
Sujet : Les crimes des Allemands
1er. Les Allemands ont violé le droit des gens et ont fait une

guerre terrible qui leur a valu le nom de vandales. Ils ont envahi la Belgique et le nord de la France, ils ont pillé et incendié les villages français et belges.

2ᵉ. Ils ont volé l'argent des notaires, des banques et des gens riches.

3ᵉ. Ils ont brûlé des villes entières, maison par maison, au moyen de torches enflammées.

4ᵉ. Ils ont assassiné des vieillards dans leur lit.

5ᵉ. Ils ont fusillé des femmes et des enfants innocents.

6ᵉ. Ils ont achevé des blessés sur les champs de bataille.

7ᵉ. Pour ne pas être tués par les soldats français ils se sont cachés derrière des femmes.

8ᵉ. Ils ont martyrisé des vieillards qui ne pouvaient pas marcher.

9ᵉ. Ils ont dit parfois que des enfants avaient tiré sur eux et ce n'était pas vrai.

Conclusion : mon père a eu la jambe droite coupée par un obus allemand près de Verdun et il est mort à la suite de ses blessures.

La balle du fusil Lebel pèse 125 g. Combien peut-on fabriquer de balles avec 49 kg de métal si le déchet provenant de sa fabrication est le 3/50 du total ?

Calcul, 1915

Mères de famille, exaltez-vous l'âme de vos enfants jusqu'au sacrifice ? Vous avez à raconter les traits d'héroïsme de nos soldats, et à votre récit, votre enfant sentira son cœur s'enflammer d'ardeur, vous aurez créé en lui une âme de héros.

Instruction pastorale de Mgr l'Évêque de Vannes, 1915

Allons, nos petits, votre fusil à vous, c'est le porte-plume.

Jérôme Édouard RÉCÉJAC,
Discours lors de la distribution des prix, lycée d'Alençon, 1915

Le sang des autres

Entre 1914 et 1918, la France incorpore ou réquisitionne près de deux cent vingt mille ouvriers et plus de six cent mille «indigènes», soldats originaires de son empire colonial. Près de la moitié d'entre eux viennent d'Afrique du Nord et près d'un tiers d'Afrique noire, regroupés en ce qui les concerne sous le vocable de «Sénégalais». À ces contingents s'ajoutent des soldats venus d'Indochine, de Madagascar, des Antilles, du Pacifique, des Somalis. La grande majorité gagne l'Europe et se bat sur le front occidental. Soixante-quinze mille d'entre eux ne reverront jamais leur pays. Sur le front oriental, au cours de la bataille des Dardanelles (février-avril 1915), les Sénégalais représentent à eux seuls la moitié des effectifs français engagés. Les «indigènes» obtiennent au total plus de 20 % des plus hautes distinctions militaires décernées, alors que leurs effectifs au combat ne représentent à la fin de la guerre qu'entre 2 et 5 % du total des combattants.

Le 2 mars 1911, le futur général Mangin vante devant la Société d'anthropologie de Paris les «vertus» des troupes coloniales d'Afrique noire.

L'Afrique est certainement la partie du monde où doivent se trouver les meilleurs soldats. Le système nerveux du Noir est beaucoup moins développé que celui du Blanc. Tous les chirurgiens ont remarqué l'impassibilité du Noir sous le bistouri. [...] il reconnaît franchement la supériorité du Blanc. [...] Le Sénégalais est un Français de seconde classe qui aspire à la première. [...] Le moment décisif une fois venu, il montre dans le choc final une fureur aveugle et un mépris de la mort et de la douleur qui touche à l'inconscience.

Colonel MANGIN, «L'utilisation des troupes noires»,
Bulletin et Mémoires de la Société d'Anthropologie de Paris,
2 mars 1911

Ici, il fait très froid et la vie matérielle est extrêmement pénible. [...] On se bat depuis plus de deux ans et je ne sais quand cela finira pour nous permettre de retourner chez nous. Actuellement, les deux nations se battent sans répit jour et nuit et il y a beaucoup de misère, nous souffrons.

Lettre d'un poilu annamite interceptée par le contrôle postal, 1916

Alphonse Séché a 38 ans en 1914. Journaliste, fondateur et directeur du Théâtre aux armées, il publie dès 1915 Les Guerres d'enfer, *qui dénonce la guerre totale et les armées mécanisées. Et revient sur la bravoure et la vaillance au combat des troupes coloniales.*

Tels des diables ivres, les Sénégalais se livrent à une fantasia infernale, tourbillonnant, lançant leurs armes en l'air... La danse devant la mort! À coups de couteau, de baïonnette, à coups de crosse, ils se ruent sur les Allemands, les étranglent, leur arrachent les yeux, leur déchirent la figure avec les ongles, avec les dents... [...] Exaspérés par la résistance acharnée des tirailleurs, les Allemands ont amené un canon à cinquante mètres. C'est l'extermination, le massacre sans pitié. La tragique mélopée noire se tait. À la nuit seulement, les survivants de cette tuerie s'échappent: une poignée. [...] Le colonel Mérienne Lucas n'a-t-il pas raison, lorsqu'il écrit au général commandant le 38e corps d'armée du département de Belgique: «Il importe de faire citer à l'ordre de l'armée ces héroïques Sénégalais à côté des fusiliers marins»? Et pourtant cette suprême récompense ne leur est pas accordée.

Alphonse SÉCHÉ, *Les Noirs*

Les zouaves sont des combattants d'infanterie algériens et marocains incorporés dans l'armée d'Afrique par l'armée française et souvent encadrés par des «Blancs». Le sergent René Duval appartient au 9e zouaves. Avec eux, il participe à la bataille de Champagne en septembre 1915. Il décrit le combat à son oncle, futur Mgr Duval. René meurt le lendemain des suites de ses blessures.

Village nègre, le 4 octobre 1915

Mon cher oncle,

Je vais vous raconter en détail la bataille à laquelle je viens d'assister.

Nous partons, dans la nuit, des bois où nous campions et où nous étions la terreur des lapins, et nous arrivons à hauteur de l'artillerie lourde où commencent les boyaux. La canonnade est effroyable : on hurle à l'oreille de son voisin et il n'entend pas. La terre tremble. Des convois de blessés lamentables passent lentement. Puis des milliers de prisonniers boueux, terreux, affreux. Il y a de beaux gars et de vieux petits rabougris. Les vieux nous font pitié. […] Il fait froid et pour comble de malheur il se met à pleuvoir. La terre crayeuse se met à fondre en ruisseaux blanchâtres et au bout d'une heure, nous ne sommes plus que de pauvres loques boueuses et grelottantes. Enfin le jour morne commence à paraître. Nous continuons à avancer. Nous sommes maintenant à hauteur de l'artillerie légère du 75. Les avions survolent la plaine, les obus boches tombent de temps en temps à droite et à gauche. Le 75, rageur, hurle par rafales. Tout à coup une âcre odeur nous prend à la gorge, les yeux pleurent. Ce sont les gaz asphyxiants, vite on met le masque et les lunettes. Un quart d'heure d'angoisse. Les masques nous auront-ils protégés ? Enfin ça y est, les gaz sont passés… Toujours une vague odeur et les yeux qui pleurent, mais ce n'est rien. On reçoit l'ordre de se porter en avant. Les fantassins ont attaqué et progressé. Nous les suivons. Nous rentrons dans les tranchées de première ligne française. Dans la tranchée, sur le parapet, dans les trous, des fantassins gisent le crâne ouvert, la poitrine trouée. Les hussards ont chargé, et dans le coin d'une tranchée un cheval est venu expirer ; ses yeux grands ouverts gardent une impression de terreur. Nous sortons de la tranchée et nous voici en rase campagne. Raymond conduit la compagnie. Je le vois en tête qui boite et j'ai peur pour lui. Je me dis que s'il est tué, je me fais tuer aussi. Nous sommes vus et les obus éclatent sur nous. Un mitrailleur et un téléphoniste sont réduits en bouillie. On voit dans la plaine les cadavres bleu ciel des petits hussards si mignons qu'on dirait des poupées. Des chevaux sans cavalier galopent éperdus dans la plaine hennissant à la mort. Je passe à côté d'un cheval qui achève de mourir. Un éclat d'obus lui a ouvert le ventre et ses tripes sortent ; il renâcle, les yeux révulsés. Plus loin des chevaux ont les jambes coupées. Il y en a de blessés qui essayent de se relever et qui retombent épuisés. L'artillerie légère vient prendre position au galop, les obus pleuvent, les attelages tombent. Un caisson explose. Ça ne fait rien, on dételle vite les pièces et à peine en position le 75 crache crache à perdre haleine. Derrière, les attelages affolés se cabrent et bousculent les conducteurs. Nous sommes terrés au flanc d'un coteau. Plus loin nos brancardiers installent un poste de secours, car les blessés arrivent nombreux. Enfin on progresse. Je suis à côté de l'adjudant. Nous rentrons dans les tranchées boches. Sur les fils de fer des cadavres de hussards et de chevaux. Les fantassins ont déjà passé là et de temps en temps un cadavre marque leur route. Nous apercevons enfin les premiers cadavres boches. Le premier est un grand et jeune gars. Sa tête, au profil d'aigle, a gardé une expression d'énergie et de volonté. Ses mains sont crispées sur sa poitrine. On marche sur les cadavres boches. À droite et à gauche : des abris où les Boches ont été tués à coups de grenades et de couteau. Ils ont tous des poses naturelles. L'un écrit sur ses genoux. L'autre a un colis ouvert devant lui et une tartine de beurre à la main. La mort les a surpris sans qu'ils s'en doutent. Nous avançons derrière la crête et nous nous arrêtons un peu en arrière. Les Boches sont à 500 mètres de l'autre côté. Nous voyons revenir les fantassins ; les obus tombent et en tuent beaucoup ; un jeune aspirant est tué au moment où il sautait à côté de moi dans la tranchée. Son sang coule sur moi je suis tout rouge. Les abris sont pleins de blessés. Nous attendons notre tour d'attaquer et nous mangeons du singe. Les fantassins blessés nous racontent en passant leurs impressions. Tout d'un coup, rrran… an… Je suis jeté à terre, bousculé, couvert de terre. Un obus vient d'éclater sur le parapet au-dessus de moi. Je crois d'abord être mort ; puis je me tâte et me crois indemne. Mais je sens le sang chaud qui coule sur ma face. Je lève mon casque ; j'ai un trou à la tête, à côté de moi un Zouave a été tué et 6 blessés. J'ai aussi des éclats d'obus à la main. Mon adjudant m'appelle vite, me fait un pansement et me dit : «Va-t'en vite à l'hôpital voir Madame la France tu seras heureux» mais je préfère rester là. […] Tout à coup vlan ! un obus arrive, Raymond dégringole sur moi tête la première. L'adjudant a le bras arraché, un Zouave a le crâne ouvert, un autre le dos défoncé, un autre la gorge touchée. […] Au petit jour nous faisons plusieurs exercices pendant lesquels un homme de mon escouade est blessé, plusieurs autres sont tués. Enfin on nous met dans un boyau effroyablement marmité. Les mitrailleurs à côté de nous perdent 25 hommes sur 30. Un brancardier a la boîte crânienne enlevée, c'est affreux, caisses de cartouches, mitrailleuses, cadavres gisent pêle-mêle. Tout à coup un affolement, on crie «en arrière vite, nous sommes pris» et on nous bouscule. Les Zouaves croyant que c'étaient les Boches sortent de la tranchée et nous nous déployons en tirailleurs pour leur faire face. Mais ce n'était pas vrai. Les balles pleuvent. Quatre hommes de mon escouade sont touchés. Voyant ça nous sommes retournés dans notre petite tranchée où j'ai trouvé Raymond. On a un peu réorganisé la compagnie et nous avons attendu. Devant nous c'est la rase campagne : une plaine morne coupée de petits bois de sapins. Les balles sifflent. Le commandant et le colonel sont tués. Nous attendons la nuit dans nos trous. La nuit est venue. Raymond dit : «En avant !» et nous sortons de la tranchée vers les Boches. L'herbe mouillée sent bon, la lune est à demi voilée par des nuages. De temps en temps je trébuche dans des trous d'obus. Il fait bon marcher à l'ennemi ainsi, franchement, sans se terrer dans des tranchées boueuses. De temps à autre d'une tranchée hâtivement construite les Boches lancent des fusées pour voir ce que nous faisons ; quand la fusée part nous nous terrons et la fusée éteinte nous reprenons notre marche. Tout à coup une violente décharge. Les 2 hommes qui étaient à côté de moi tombent en hurlant. La tranchée est devant nous hérissée de fils de fer. Nous nous couchons et nous commençons à creuser des trous pour nous abriter face à la tranchée ennemie. Derrière moi un homme de mon escouade a les cuisses brisées par une balle. Il me demande à boire. Je me lève et lui donne à boire et lui serre les cuisses pour arrêter l'hémorragie. Mais il se met à crier et une violente décharge passe auprès de moi. Voyant cela je me remets à creuser mon trou avec acharnement. […] Un bruit – tac – Bicelder qui travaillait à côté de moi est tué d'une balle en pleine tête et le sang coule dans mon trou. Une balle ricoche sur mon casque. (Le casque est réellement précieux, le mien, troué et bosselé, est un vieux camarade.) Ma blessure me fait souffrir et je suis épuisé. Un camarade me passe un bidon d'eau-de-vie, j'en bois au moins un demi-litre et me remets à piocher avec acharnement. […] Vers midi Delamare lève un peu la tête – tac – il reçoit une balle dans la tête. Il retombe sur moi. Je lui fais un pansement et pendant deux

heures il agonise, criant : «Brancardiers brancardiers, au revoir...
je meurs.» Tout d'un coup il a des coliques, les excréments se
mêlent à son sang. C'est horrible. Je vomis tellement ça sent mauvais. Et toute la journée je dois rester ainsi dans une mare de sang.
Tantôt c'est à droite, tantôt c'est à gauche qu'un camarade est tué.
Enfin la nuit arrive, on réunit nos trous et on les approfondit. Les
pertes continuent, il n'y a presque plus de gradés.

René Duval

Un long calvaire

Quatre années de calvaire : quatre années de combats, d'assauts, d'attentes ; quatre années de maladies, de punitions, de permissions annulées, de brimades hiérarchiques. Quatre années de boue, saisons gluantes et visqueuses. Quatre années de fièvres, de frissons, de spasmes et de dysenterie. Quatre années de cafard et de manque de sommeil. Quatre années de vermine, de poux, de rats, de crasse et de puanteur. Quatre années de cohabitation permanente avec la mort, de cadavres pourris vomis par la terre. Des millions de poilus qui, au même instant, vivent le même calvaire dans la glaise des tranchées.

Gaston Biron a 29 ans en 1914. Fils de grossistes en produits laitiers d'origine auvergnate, il devient interprète après de solides études. La guerre fait de lui un soldat du 21ᵉ bataillon de chasseurs à pied. Gaston est le seul frère de six sœurs : Berthe, Hélène, Blanche, Marguerite, Madeleine et Marie.

6 septembre 1916
Mercredi soir
Ma chère mère,
Je t'envoie quelques lignes des tranchées où nous sommes depuis dimanche soir. De la boue jusqu'à la ceinture, bombardement continuel, toutes les tranchées s'effondrent et c'est intenable, nous montons ce soir en 1ʳᵉ ligne mais je ne sais pas comment cela va se passer c'est épouvantable. Nous avons déjà des tués et des blessés et nous avons encore 2 jours à y rester. Je donnerais cher pour être loin d'ici. Enfin espérons quand même.
Adieu et une foule de baisers de ton fils qui te chérit.

Gaston

Les Tranchées ! Tout l'hiver, le poilu reste là. Il pleut, il pleut, bergère ! La Terre est une boue. Le soldat est le premier homme, celui que Dieu façonna dans la boue. Dans sa capote de boue, les jambes jusqu'aux tibias dans la boue, sous un ciel de boue, le poilu est un homme de boue. Il monte la garde dans la boue. Puis, à la relève, il se couche sur un lit de boue. La corvée de soupe monte dans les boyaux. La soupe ? Le poilu bouffe des cailloux, je veux dire des tas de pâtes borgnes, des charges de haricots en plomb. Son gros estomac de la campagne digère tout. Chez lui, n'est-ce pas... Bah ! il ne faut pas s'en faire ! Un kilo de pinard dans le tube, une vieille bouffarde là-dessus, et en route pour le pays des rêves...

Joseph DELTEIL, *Les Poilus*

Émile Sautour est originaire de Juillac, en Corrèze. Rattaché au 131e régiment d'infanterie, il meurt, le 10 octobre 1916, sur le front.

31 mars 1916
Mes bons chers parents, ma bonne petite sœur,
Il me devient de plus en plus difficile de vous écrire. Il ne me reste pas un moment de libre. Nuit et jour il faut être au travail ou au créneau. De repos jamais. Le temps de manger aux heures de la soupe et le repos terminé reprendre son ouvrage ou sa garde. Songez que sur 24 heures je dors 3 heures. Et encore elles ne se suivent pas toujours. Au lieu d'être 3 heures consécutives, il arrive souvent qu'elles sont coupées de sorte que je dors une heure puis une 2e fois 2 heures. Tous mes camarades éprouvent les mêmes souffrances. Le sommeil pèse sur nos paupières lorsqu'il faut rester 6 heures debout au créneau avant d'être relevé. Il n'y a pas assez d'hommes mais ceux des dépôts peuvent être appelés et venir remplacer les évacués ou les disparus. Un renfort de 20 hommes par bataillon arrive, 30 sont évacués.
Il n'y a pas de discipline militaire, c'est le bagne, c'est l'esclavage !... Les officiers ne sont point familiers, ce ne sont point ceux du début. Jeunes, ils veulent un grade toujours de plus en plus élevé. Il faut qu'ils se fassent remarquer par un acte de courage ou la façon d'organiser défensivement un secteur, qui paie cela :

le soldat. La plupart n'ont aucune initiative. Ils commandent sans se rendre compte des difficultés de la tâche, ou de la corvée à remplir. En ce moment nous faisons un effort surhumain. Il nous sera impossible de tenir longtemps ; le souffle se perd. Je ne veux pas m'étendre trop sur des faits que vous ne voudriez pas croire tout en étant bien véridiques, mais je vous dirai que *c'est honteux* de mener des hommes de la sorte, de les considérer comme des bêtes.

Émile SAUTOUR

Le capitaine adjudant-major Georges Gallois est inspecteur de police à Paris avant la guerre. Il a 29 ans en 1914 lorsqu'il est mobilisé et intégré au 221e régiment d'infanterie.

Verdun, 15 juillet 1916, 4 heures du soir
Mes chers parents,
Je suis encore vivant et en bonne santé, pas même blessé alors que tous mes camarades sont tombés morts, ou blessés aux mains des Boches qui nous ont fait souffrir les mille horreurs, liquides enflammés, gaz lacrymogènes – gaz suffocants – asphyxiants, attaques...
Ah Grand Dieu, ici seulement c'est la guerre.
Je suis redescendu de première ligne ce matin. Je ne suis qu'un bloc de boue et j'ai dû faire racler mes vêtements avec un couteau car je ne pouvais plus me traîner, la boue collant mes pans de capote après mes jambes... J'ai eu soif... pas faim... J'ai connu l'horreur de l'attente de la mort sous un tir de barrage inouï... Je tombe de fatigue... Je vais me coucher, au repos dans un village à l'arrière où cela cogne cependant, voilà 10 nuits que je passe en première ligne. Demain les autos emmènent le reste de mon régiment pour le reformer à l'arrière, je ne sais encore où.
[...] J'ai sommeil, je suis plein de poux, je pue la charogne des macchabées.

Georges GALLOIS

Le Père Pinard

Dans les tranchées, « Père Pinard » et « Saint Pinard » deviennent rapidement incontournables. Le vin, la gnôle et l'alcool en général s'imposent comme les viatiques indispensables pour lutter contre le froid, le sommeil, la fatigue, la faim, l'odeur, l'angoisse. L'eau potable venant à manquer on en arrive même parfois à se raser au vin ! Il est quasiment exclu de « charger » sous les balles et les shrapnels sans être « chargé ». Le gouvernement sait que le vin est le facteur essentiel de soutien du moral des poilus, et le général Joffre, fils d'un tonnelier de Rivesaltes, ne manque pas de faire appel au « général Pinard » pour soutenir ses troupes. En août 1914, les vignerons du Midi offrent deux cent mille hectolitres de vin à l'armée qui en commande six millions en 1916 et douze millions en 1917. Le « quart du soldat » de 1914 passe à cinquante centilitres en 1916 puis à soixante-quinze en 1917. À cette date, la consommation de vin s'envole : de douze à seize millions d'hectolitres en 1918. Face à la spéculation qui entraîne l'augmentation des prix, l'État procède à des réquisitions et à des achats à l'étranger. Un dicton se répand dans les tranchées : « Dans le boyau casse-toi la gueule, mais ne va pas renverser le pinard ! »

En septembre 1917, la commission des boissons qui rend son rapport au Sénat s'inquiète de l'insuffisance du ravitaillement en vin des troupes.

Nous avons hâte d'arriver au second objet de ce rapport, l'insuffisance du ravitaillement des troupes en vin – la crise du pinard – sinon généralisée (ce que nous ne sommes point en mesure d'affirmer) mais du moins certaine dans les secteurs où les troupes fournissent l'effort soutenu du combat. « Donnez-nous du vin », telle est la demande énergiquement formulée par les chefs-officiers généraux et autres, qu'il nous a été donné d'interroger, sur les besoins alimentaires de leurs unités. La distribution régulière et d'ailleurs très régulièrement opérée de 0,50 centilitre par homme et par jour, est considérée comme insuffisante [...] Les chefs les plus soucieux de réprimer l'abus et l'ivrognerie n'hésitent pas à déclarer que le troupier doit pouvoir consommer un litre de vin dans sa journée, que cette quantité est nécessaire à son hygiène et à son bien-être, partant, à la résistance physique et morale dont il n'a cessé de montrer un si bel exemple.

J'ai comme toi pour me réconforter
Le quart de pinard
Qui met tant de différence entre nous et les Boches.

Guillaume Apollinaire, « À l'Italie »

Le code des artilleurs

Un 75 = un canon ;
Un 10 = une chopine ;
Un 121 court = un litre de vin pur ;
Un 120 long = un litre de vin mouillé.

Éditée par Le Matin, *la revue* Le Pays de France *est un hebdomadaire qui compte entre 1914 et 1918. Il paraît le jeudi au prix de 25 centimes. Dans le numéro du 30 août 1915, le journaliste René Thiel vante les vertus du vin sur les poilus.*

La guerre a fait de terribles progrès, plus que les sciences paisibles. Et si la mort est maintenant plus prompte et plus large, c'est toujours au vin qu'on demande la saine chaleur de la vie. Mais le vin ne s'appelle plus le vin. La foule combattante lui a donné définitivement ce nom pris dans un vieil argot: le pinard. Le pinard! Parlez du pinard à un poilu, prononcez devant lui ce nom magique: sa figure s'éclaire, ses yeux clignent d'envie et de tendresse, il sourit comme au nom d'un compagnon d'armes entre tous préféré. Vous le voyez redresser les épaules, bomber la poitrine, oublier à l'instant tout ce qui fut triste, laid ou pénible. Versez-lui le vin de France ; il le contemple avec un affectueux respect. Ses doigts, habitués à se crisper rudement sur la crosse du fusil, ont soudain des délicatesses puériles pour entourer le verre, gardien généreux du trésor. Il claque de la langue, il lève le sourcil, admiratif. Puis, haussant ce verre, d'un geste précis et doux, jusqu'à ses lèvres, il lampe d'un coup le pinard qui rougeoie, et s'essuie largement la bouche, d'un revers de main, les narines dilatées de reconnaissance et la joie pourpre du triomphe aux joues.

René Thiel

Ode au pinard

Salut, Pinard, vrai sang d'la Terre :
Tu réchauff' et tu rafraîchis,
Grand Élixir du militaire !
Plus ça va, et plus j'réfléchis
Qu'si tu n'existais pas, en somme,
Il aurait fallu t'inventer :
« Y a pus d'pinard, y a pus d'bonhommes ! »
C'est l'nouveau cri d'l'humanité…
T'es à la fois plaisir et r'mède,
Et quand t'es là, on s'sent veinard ;
Tu nous consol' et tu nous aides :

Salut, Pinard !

Salut ! Pinard de l'intendance,
Qu'as d'trop peu ou goût de rien,
Sauf les jours où t'aurais tendance
À puer l'phénol ou bien l'purin.
Y a même des fois qu'tu sens l'pétrole,
T'es trouble, t'es louche et t'es vaseux,
Tu vaux pas mieux qu'ta sœur la gnôle.
C'est sûr comme un et un font deux,
Qu'les riz-pain-sel y vous mélangent

Avec l'eau d'une mare à canards;
Mais qu'y fair', la soif vous démange

Salut, Pinard!

Marc LECLERC, 1915 (extraits)

Le pinard

Refrain
Ô pinard, ô merveille
Que j'aime écouter tes petits glouglous
Divin jus de la treille
Viens buvons un coup, buvons un coup.

C'est Noé qu'est le père
De l'apothicaire et du médecin
Les drogues pour quoi faire
Pour vous rétablir buvez du vin.
La bière gonfle la panse
C'est le breuvage d'outre-Rhin
Donnez-nous du vin de France
Le père de l'Esprit sain
S'il coûte trop cher, qu'importe,
Je dis – c'est pas un canard –
Que pour jeter à la porte
Le Boche, il faut du pinard.

À peine arrivés, les sacs débouclés, vite! En quête de pinard!
Cher! 0,80 F le rouge! tant pis… malgré la température un peu
basse, on a chaud et un litre c'est cent centilitres, un centilitre
c'est pas grand et cent, c'est pas un si gros chiffre. Allons-y pour
deux cents! À 3 heures du soir un vent de douce saoulerie soufflait,
plus altérant que le simoun. Buvons!! Le porte-monnaie est her-
nieux… À 5 heures, les cafés s'ouvrent… Quelle ruée! Les places
sont chères et on n'ose les abandonner, même un instant, qu'au
moment où, à force de prendre du liquide, il faut bien en évacuer
un peu. J'y vais passer deux heures. La salle est surchauffée par

ces haleines et sent la sueur et la crasse. Une table longue de salle d'auberge tiendrait trente buveurs gênés. Il y en a cent. La plupart sont debout, quelques-uns sont assis d'une fesse entre deux buveurs qui leur tournent le dos. Une odeur de mâle flotte, mêlée avec celle du vin répandu […]

Une bonne accorte illumine le réduit sale et puant, et y apporte une lueur de jouissance douteuse. Le charme de la femme – pourvu qu'elle soit jolie – opère… Perret le brancardier mène le bal, sa taille me paraît plus grande et j'évoque un méphisto lubrique… Et Satan conduit le bal… De sa magnifique voix, en l'honneur de Margot, il entonne «Si tu veux fair' mon bonheur, Marguerite… Marguerite… donn'-moi ton cœur…». Bientôt on se perd dans les paroles, mais rauque, énorme, gonflée de mille rêves de luxure, la chanson – l'air plutôt – est chantée en bouches fermées et, formidable, s'enfle et rugit comme un hymne de rut horrible… Les faces congestionnées suent d'alcool, de vin et d'amour… La brute est déchaînée… Les hommes des tranchées chantent leur rentrée dans la vie, éphémère séjour, et le dernier pour beaucoup. Et la scène prend de ce fait une allure bestiale. Beaucoup de ceux-ci sont des héros; beaucoup, pour leurs camarades, pour le geste, pour… ils ne savent quoi, vécurent une minute sublime; beaucoup ont droit au salut et au respect, mais débraillés, saouls, lubriques, le geste de l'un d'eux entraînerait cette masse, cette foule monstrueuse, avinée, lasse de dix mois de privations, se vautrant – même les plus délicats – dans cette fange, seul plaisir qui leur soit offert.

Henri Aimé GAUTHÉ

Lettres d'amour

De nombreux poilus écrivent jusqu'à six à sept lettres ou cartes postales par jour, à leurs parents, à leurs frères et sœurs, à leur épouse, à leurs enfants, à leurs oncles et tantes, à leur fiancée, à leur marraine de guerre. Les plus belles lettres sont sans doute celles qui parlent d'amour, qu'elles arrivent dans la tranchée ou qu'elles en émanent. C'est la grande conquête de l'école de Jules Ferry. L'homme du peuple a appris à lire et donc à écrire, à exprimer la petite musique de son âme et de ses sentiments. L'amour sert d'antidote à la mort. Il reste la seule parcelle d'humanité qui sépare le combattant de l'absurde et du néant.

Maurice Drans a 23 ans en 1914. Né à Fresnay-sur-Sarthe, fils de commerçants, il a fait ses études au Mans. Versé dans le 262ᵉ régiment d'infanterie, le soldat rencontre lors d'une permission Georgette Clabault, une jeune orpheline avec laquelle il se fiance en 1916. Blessé trois fois, Maurice épouse Georgette après la guerre.

Mon tout petit,

Je lève mes yeux vers le ciel de miséricorde, vers ton regard bleu, exprimé, au-dessus de la guerre, au-dessus du méchant monde, en une invocation muette et fervente. J'appelle ta tendresse, toute la vertu de ta jeune présence. Elle est si belle et troublante ma petite fiancée! J'égraine le rosaire de tes prières illuminées. J'épèle ton amour de vingt ans avec les lèvres de ma jeunesse croyante. Je me dis avec extase qu'avec toi seule je puis créer le bonheur de vivre, si je reviens! Grâce à toi, penchée vers moi comme un miracle, s'accomplira mon miracle de vivre. Je vais tellement avoir foi que le bon Dieu me gardera, aura pitié des deux enfants qui s'aiment. Et puis ce sera la paix mon amour. Va, sèche tes beaux yeux. Prépare tes petites mains roses à me conduire tout le long du beau voyage. Donne-moi tes lèvres encore et encore et murmure: «Je t'aime!»

Maurice DRANS

Mon tout petit,

Je veux te dire ayant dû partir que je t'aime. Te le redire, te le crier, de toutes mes forces, de toute mon âme, de tout mon cœur. Je pars, loin là-bas, au triste pays de la mort possible. Ta pensée me tintera de l'espérance, m'élèvera au-dessus des épouvantes. Je ne verrai que toi mon aimée, pour toujours. Et rien ne pourra altérer cette affection, amoindrir notre amitié, briser notre amour. Je te dis tout cela en pleurant, car c'est plus fort que moi, je pleure. Et pourtant ces larmes me font du bien puisqu'elles coulent parce que je t'aime. Ah ! La Guerre ! Je dois partir, suivre ma dure destinée… Ah oui je sanglote, mon pauvre cœur chavire, et je songe à ton cœur, à ce cœur qui souffre de moi. Que cet espoir, que cette certitude te pénètre, que la paix venue, si la grande faucheuse épargne ma jeune vie, cette jeune vie je te la donnerai pour le grand bonheur de toute la vie. Je te vois avec la mémoire du cœur, tout au souvenir de notre dimanche ; je vois ta chère tête, tes chers yeux, tes douces lèvres. Et je t'aime à genoux, avec idolâtrie. En ce jour du départ je t'aime comme ma sauvegarde, comme un porte-bonheur, comme une protection et comme une providence. Je te dis tout cela pour que tu le saches bien, pour la joie, pour la caresse de ton nom qui me vient comme une musique, mais aussi comme une mélancolie.

Maurice DRANS

1914 : Jeanne a 25 ans, Armand 30. Jeanne prend un nom de guerre, Armandine, pour écrire au futur avocat devenu son mari en 1910, sous-lieutenant, et avec lequel elle a déjà eu quatre enfants. Deux filles vont naître en 1916 et en 1918, puis deux enfants après la guerre. En quatre ans et demi, ils échangent trois mille lettres, soit une lettre par jour. Armandine écrit quatre feuillets quotidiens, Armand jusqu'à quatorze !

26 juin 1916
Mon amour,

Je t'écris ces lignes, peut-être les dernières, quelques heures avant de monter à l'assaut.

Il s'agit de repousser les Allemands, au prix de n'importe quels sacrifices au-delà du village de Fleury, au-delà du petit bois, dit bois triangulaire, au-delà de la redoute de Thiaumont (Verdun).

Ni ma main ni mon cœur ne tremblent. Tu sais combien je t'aime. Tous les battements de mon cœur sont à toi, ma tendrement chérie, à nos petits, à l'enfant attendu. Je voudrais vivre pour vous tous, mais si je devais tomber, Dieu pourvoirait à votre bonheur. Car je veux qu'ils vivent mes enfants, pour honorer la mémoire de leur père, pour le continuer, s'il est besoin, à côté de leur petite mère dont ils sécheront les pleurs à force de caresses, tous nos petits anges aimés, y compris celui que tu portes en toi, ma douce et tendre enfant.

Reçois un baiser ardent, où je fais passer toute mon âme, toute ma puissance d'aimer, de celui qui n'a jamais, auprès de sa chérie, connu que la joie de vivre.

Je pars réconforté et confiant, après m'être épanché dans ton âme charmante. Je te confie et je confie nos petits Jean, Pol, Bernard, celui ou celle qui naîtra demain, au bon Dieu. Et je demande à ta mère, à mes parents, de se souvenir que si ton mari est mort pour la France, celle qui porte son nom a droit à toute la pitié ou plutôt à toute la justice, à tout l'amour des siens.

Armand

31 janvier 1916

Mon petit amour, je n'écris pas aussi facilement que toi et mes sentiments pour chéri sont si aimants et si profondément incrustés en moi, que parfois, ils ont du *mal* à se retirer de leur fin fond. Tu connais la maxime : « En y mettant chacun du sien, on fait quelque chose de bien. » Eh bien cette maxime nous pouvons nous l'attribuer à nous-mêmes. L'amour plus fort que tout voile d'une gaze épaisse, obscurcit les défauts aux yeux de l'aimé.

Je t'ai envoyé un poulet aujourd'hui. Découpe les membres et la carcasse. Puis mettre du beurre à fondre, y verser une cuillerée de farine et une fois bien délayée y ajouter petit à petit de l'eau tout en tournant et jusqu'à la quantité de sauce voulue. Une fois la sauce bouillante y mettre les morceaux de poulet, cuisson un 1/4 d'heure ou 20 minutes. En cette saison cela te réchauffera.

Armandine

23 novembre 1916

Mon petit fou, à ta prochaine permission, tu seras rassasié d'amour, tu en as grand besoin mon pauvre chéri. Je serai toute à toi, tu feras de moi ce que tu voudras. Pauvre petit cœur troublé, je remédierai à ton mal. À 32 ans et 4 enfants on a besoin d'être aimé. Tu le seras à gogo. J'emploie ce dernier mot venant de toi au sujet de ton ami Hogrel, qui écrivait à sa femme qu'il voulait être aimé à gogo. Je t'attends pour Noël, je serai heureuse de te voir mettre ton soulier dans la cheminée. Le petit Jésus sera peut-être généreux. Ainsi mon frère Louis me surnomme «La vieille branche de lilas». Tu en es fier et cela me fait plaisir. Je t'aimerai comme une folle et je tiendrai ma promesse. Chéri pourra s'enivrer d'amour. Tu passeras par des moments inoubliables. Je ne veux pas te donner le détail de mes prouesses, tu seras surpris. Tends la langue, je la délivrerai vite de ta soif si ardente. Ah! Petit coquin, tu me rends folle de toi. Si tu étais ici à l'heure présente, tu en passerais un quart d'heure d'émotions troublantes. Le bruit court qu'à la fin de l'année les casernes de Rennes sont vidées de leurs hommes, remplacés par des femmes.

Armandine

20 août 1914

Ma bien-aimée, Je t'aime. Je suis à toi pour éternellement, ton Henri.

Je sais, mon amour, où se trouve le bonheur, la vie libre et heureuse, l'île Fortunée, mais il y a encore toute la guerre entre elle et moi.

Ma femme, ma femme chérie, aie toujours présente à l'esprit cette certitude que la pensée de notre amour, de notre foi, de notre fidélité est en ce moment toute ma vie. Loin de toi, séparé de toi comme par un mur sans nouvelles, sans lettres, une seule pensée me fait vivre, une certitude sacrée, une religion parfaite. Je te jure que toute ma vie repose dans la foi que j'ai en toi.

Mon amour, j'ai pris pour la première fois la capote ce soir. Je suis furieux. J'ai l'air d'un collégien à qui on ne permet pas de porter les cheveux longs.

Quand me rediras-tu : Viens, viens contre moi ? quand te ser-
rerai-je de nouveau, de toute ma force, à pleins bras contre moi,
ma fiancée, ma vie, ma femme, mon amour. Du fond de mon abru-
tissement tout cela remonte par ondes comme de vagues ressou-
venances de la vie dans une autre planète.

Je te supplie, je te supplie de faire faire ton portrait, si cela
est possible, par n'importe qui, par un marchand de cartes à cinq
sous s'il en reste encore. Mais je te supplie de me donner ce bonheur. Pense qu'il y a eu des portraits de toi dans des centaines
de revues et que je n'ai même pas, sur un de ces bouts de pages,
coupé avec des ciseaux cette figure d'ange auprès de laquelle il
n'y a pas de beauté, cette figure que j'ai embrassée, baisée, serrée
dans mes mains, battue, secouée, caressée, adorée, possédée.

Chérie, ma fille, ma beauté, ma fiancée, mon amour, quand
je n'en puis plus de regret, de peine de ne plus t'avoir, je relis
tes lettres. Je retrouve dans ces pages bleues toute la confiance,
toute l'ardeur qu'il faut. J'ai peur que ce que tu as vu à Auch
(les discours ratés, la présentation au drapeau mal organisée,
les hommes qui rigolent, cette atmosphère de caserne) ne t'ait
enlevé cette flamme, cet esprit de sacrifice, ce désir sacré de la
victoire. Amour, il faut que tu ne cesses pas de croire ardemment à ce que nous faisons. Songe que nous marchons dès avant
l'aube, que nous marchons des jours entiers sans savoir où nous
allons, que nous attendons dans des cours de ferme des heures
et des heures sans savoir pourquoi, songe à toute la patience, à
toute la religion qu'il nous faut pour résister à ce chagrin d'avoir
perdu ce que l'on aime. Songe que nous serons peut-être bientôt
couchés dans des tranchées dans l'eau et le froid et la boue, sous
le feu. Il ne faut rien nous dire, il ne faut rien penser qui nous
enlève un peu de foi et nous coupe les jambes. C'est de toi que
j'attends toute ma force, toute ma vertu, toute mon audace, tout
mon mépris de la mort.

Sans doute ai-je profité de cette lettre fermée pour te dire tout
ce que je ne puis écrire sur des cartes. Ah ! mon amour, si tu sais
avec quelle foi parfaite, avec quel abandon infini je suis à toi, tu
m'as déjà pardonné.

Ton enfant, Henri
ALAIN-FOURNIER, Madame SIMONE, *Correspondance 1912-1914*

Le lieutenant Émile Rigaud a 35 ans en 1915. Cet instituteur devenu inspecteur d'académie habite à Saint-Brieuc, avec sa femme Yvonne, sa fille Annie, née en 1913, et son fils Yann, né en 1909. Yvonne lui écrit le samedi 13 février. Elle ignore que son mari a été tué la veille, dans la Marne. L'enveloppe reviendra dix jours plus tard avec la mention : « Le destinataire n'a pu être atteint. »

46ᵉ lettre
Samedi 13 février 1915
Mon bien-aimé,

Il y a aujourd'hui huit ans et demi que nous nous sommes donnés l'un à l'autre, et c'est pourquoi je veux que tu reçoives une lettre de moi, datée de ce jour durant lequel ma pensée te quitte moins que jamais…

Y songes-tu, toi mon aimé, à cet anniversaire ? Oui, j'en suis presque certaine, et comme moi tu te demandes s'il nous sera donné d'en célébrer ensemble, d'autres encore ! Ah mon ami chéri, que je trouve les jours longs, longs, longs !… […] Pauvre chéri, mon cœur est près de toi et je t'aime ! J'aurais voulu que mon petit colis t'arrive pour l'anniversaire, mais je crains que tu ne sois déjà reparti aux tranchées quand il parviendra à destination, et qu'il reste là à t'attendre. Tu me dis que tu ne peux rien m'envoyer, toi mon bien-aimé ! Tu oublies que c'est grâce à toi que j'ai cette joie de pouvoir t'envoyer quelques gâteries. Que pourrais-tu faire de plus que ce que tu fais, puisque tu ne gardes rien pour toi ? Même pendant cette rude guerre, nous savons bien que nous ne manquerons de rien si le bon Dieu te laisse à nous. […] Mon grand ami, mon mari adoré, encore une fois adieu, porte-toi bien, sois brave et gai toujours ainsi que jusqu'ici. Je t'envoie mes baisers les plus tendres ce 13 février et je songe que ces trois mois m'ont paru plus longs que ces huit années de bonheur si parfait que je te dois et qui font à cette heure ma joie quand je les revis et mon désespoir lorsque je les regrette. Ah, si nous pouvions en vivre encore de semblables je ne trouverais pas les avoir trop chèrement payées… Mais chut ! Les rêves sont interdits et le présent est si lourd à porter qu'on n'a pas trop de tout son courage et de toutes ses forces.

À toi pour la vie. Ton Von.

Apollinaire au front

La Grande Guerre forge des écrivains, dans la mesure où ces obscurs que sont nos aïeux écrivent dans la boue des tranchées les plus belles lettres de la langue française lorsque les cauchemars qu'ils vivent les poussent à exprimer la petite musique de leur âme. Mais la guerre va également tuer nombre d'écrivains de profession obligés de manier la plume et la baïonnette. Guillaume Apollinaire, Charles Péguy, Alain-Fournier, Émile Driant (Danrit), Louis Pergaud… Cinq cent soixante écrivains français meurent au combat entre 1914 et 1918. Officiers pour la plupart, ils chargent en tête de leurs hommes sur les champs de bataille. Ceux qui en ont réchappé, comme Cendrars, Joë Bousquet, Giono, Céline, Dorgelès, Genevoix et bien d'autres, ne s'en remettront jamais. Pour tous l'écriture est une soupape de survie. Chez Guillaume Apollinaire, l'expérience de la guerre se traduit le plus souvent par une évocation poétique, graphique ou érotique, comme pour contrer chaque explosion sur le champ de bataille par le bouquet d'un feu d'artifice artistique, par un hymne à la vie.

Né Polonais au sein de l'Empire russe, Wilhelm Apollinaris de Kostrowitzky est un poète, un journaliste, un critique d'art reconnu quand éclate la Grande Guerre. Il fait la connaissance de Lou en septembre 1914, alors qu'il demande sa naturalisation et qu'il va s'engager comme simple soldat au service de la France. Il a 34 ans. À 33 ans, Louise de Pillot de Coligny-Châtillon vient de divorcer. Elle est infirmière bénévole dans un hôpital militaire de Nice et Guillaume vit avec elle une permission torride à l'occasion du jour de l'an. Quatre mois plus tard, il continue à l'aimer et à lui écrire du fond de la tranchée Blessé à la tempe par un éclat d'obus le 17 mars 1916, il est trépané le 10 mai 1916 et meurt de la grippe espagnole le 9 novembre 1918.

Les arbres courent fort les arbres courent courent
Et l'horizon vient à la rencontre du train

Et les poteaux télégraphiques s'énamourent
Ils bandent comme un cerf vers le beau ciel serein
Ainsi beau ciel aimé chère Lou que j'adore
Je te désire encore ô paradis perdu
Tous nos profonds baisers je me les remémore
Il fait un vent tout doux comme un baiser mordu
Après des souvenirs des souvenirs encore

Guillaume APOLLINAIRE, *Poèmes à Lou*

Le 18 avril 1915
Mon Lou, ma chérie Je t'envoie aujourd'hui la première pervenche
Ici, dans la forêt on a organisé des luttes entre les hommes; Ils
s'ennuient d'être tout seuls, sans femme, faut bien les amuser le
dimanche
Depuis si longtemps qu'ils sont loin de tout ils savent à peine parler
Et parfois je suis tenté de leur montrer ton portrait pour que ces
jeunes mâles
Réapprennent en voyant ta photo
Ce que c'est que la beauté.
Mais cela c'est pour moi, c'est pour moi seul
Moi seul ai droit de parler à ce portrait qui pâlit. À ce portrait qui
s'efface
Je le regarde parfois longtemps une heure, deux heures Et je
regarde aussi les 2 petits Portraits miraculeux Mon cœur
La bataille des aéros dure toujours
La nuit est venue
Quelle triste chanson font dans les nuits profondes
Les obus qui tournoient comme de petits mondes, M'aimes-tu
donc, mon cœur, et ton âme bien née Veut-elle du laurier dont ma
tête est ornée?
J'y joindrai bien aussi de ces beaux myrtes verts
Couronne des amants qui ne sont pas pervers.
En attendant voici que le chêne me donne
Sa guerrière couronne

Et quand te reverrai-je, ô Lou, ma bien-aimée
Reverrai-je Paris et sa pâle lumière

Trembler les soirs de brume autour des réverbères
Reverrai-je Paris et les sourires sous les voilettes
Les petits pieds rapides des femmes inconnues
La tour de Saint-Germain-des-Prés
La fontaine du Luxembourg
Et toi mon adorée, mon unique adorée
Toi mon très cher amour ?
Je t'aime tout plein
Tout gentiment
Mon joli p'tit Lou
Et je t'embrasse

Guillaume APOLLINAIRE, *Poèmes à Lou*

Lettre d'Apollinaire à Lou, 21 avril 1915

Demain jeudi, je retourne aux tranchées. Parmi les impressions oubliées, l'autre jour il y a celle des betteraves. J'en ai goûté une. Ça a exactement le goût d'un morceau de sucre avec la consistance du radis noir. T'ai-je dit la nudité des tranchées ? C'est extraordinaire. La nudité est toujours peu excitante et c'est un de tes charmes les plus exquis que même à poil tu restes excitante, mais la nudité des tranchées a quelque chose de chinois, d'un grand désert asiatique, c'est propre et désolé mais silencieusement.

La messe des poilus

Pendant près de cinquante-deux mois, les poilus français et les soldats allemands vivent une forme de chemin de croix, entre le ciel et l'enfer. Certains prient pour placer leur vie et leur âme entre les mains de Dieu, et l'invoquent dans leurs lettres testamentaires. D'autres l'interpellent en évoquant sa cruauté, ou le pensent de leur côté. Alors même qu'en France le siècle s'est ouvert sur la séparation des Églises et de l'État, Dieu est instrumentalisé par les pouvoirs publics et par les églises, qui s'en servent pour développer l'esprit de sacrifice, et pour faire de l'ennemi l'incarnation du diable. L'artillerie des deux camps n'épargne ni les cimetières ni les lieux de culte. La mort et Dieu sont invoqués et conjurés par les poilus eux-mêmes, croyants ou agnostiques, à travers les objets d'artisanat religieux qui prouvent que spiritualité et superstition restent très présentes dans la boue des tranchées.

Dès son intronisation en septembre 1914, le pape Benoît XV prône la paix tout en revendiquant la neutralité du Vatican. Le 8 septembre, un mois après le début du conflit, il exhorte les représentants des peuples à la paix. Il est vite surnommé le « pape boche » par Clemenceau et le « pape français » par Ludendorff.

Nous avons été frappés d'une horreur et d'une angoisse inexprimables par le spectacle monstrueux de cette guerre, dans laquelle une si grande partie de l'Europe, ravagée par le fer et le feu, ruisselle de sang chrétien. […] Nous prions et conjurons ardemment ceux qui dirigent les destinées des peuples d'incliner désormais leurs cœurs à l'oubli de leurs différends en vue du salut de la société humaine. Qu'ils considèrent qu'assez de misères et de deuils accablent cette vie mortelle et qu'il n'y a vraiment pas sujet de la rendre encore plus misérable et triste ; qu'ils estiment qu'il y a assez de ruines, assez de sang versé ; qu'ils se résolvent donc à entrer dans les voies de paix et à se tendre la main.

BENOÎT XV, PAPE, 8 septembre 1914

Alors que des mouvements pacifistes et défaitistes se font entendre, le Manifeste des protestants français *marque l'engagement des Églises protestantes en faveur de la poursuite de la guerre afin de ne pas «rendre inutile le sacrifice de ceux qui sont tombés». Il s'agit de «sauver la patrie et l'humanité».*

Février 1917
Manifeste au nom des Églises protestantes de France.
Toute la France debout pour la Victoire finale [...]. Les protestants de France réprouvent les théories de convoitise et de violences par lesquelles, sous couvert d'une prétendue mission divine, s'affirme aujourd'hui le vieux paganisme des barbares. Ils proclament plus que jamais la nécessité de continuer, les armes à la main, la résistance contre les actes qui traduisent ces doctrines. Ils refusent d'être les complices des bourreaux contre les victimes; et la volonté d'obtenir une paix durable leur dicte le devoir de s'opposer jusqu'au bout à l'extermination des faibles par les forts. Ils repoussent comme une trahison la seule idée de rendre inutiles, par lassitude, les sacrifices de ceux qui sont tombés et de ceux dont le courage patient sauvera la patrie et l'humanité. Ils ont foi dans la justice de Dieu: son Heure viendra. Passionnément attachés à l'Union sacrée, les protestants de France acceptant tous les sacrifices, vont avec confiance à la Victoire finale qui amènera une paix durable fondée sur le droit et la liberté.

Joseph Gilles est ouvrier agricole originaire des Landes. Chaque jour, il écrit à sa femme Corine. Il est tué par un éclat d'obus, au moment de la relève, le 20 août 1916.

Le 6 août 1916
Tu dois te penser, ma chère Corine; moi qui n'allais pas souvent à la messe avant la guerre, et que maintenant j'y vais toutes les fois que j'ai l'occasion. Tu vas être obligée de croire que je suis redevenu chrétien. Eh bien, entre les deux, je ne veux qu'il n'y ait rien de caché, je veux te faire savoir tout ce que je pense et tout ce que je fais. Je vais à la messe parce que le danger m'a effrayé, et m'a fait réfléchir à des choses auxquelles je ne voulais guère penser avant la guerre. Lorsque j'étais avec toi, j'étais pris par mon travail, et je

voulais en même temps me passer quelque plaisir, et je ne réfléchissais guère à ce qui devait m'attendre ici. Je ne pensais qu'au présent. Mais lorsque je me suis vu privé de tous les plaisirs, quand les obus et les balles m'ont mis devant la mort, et c'est aussi en prenant les longues heures de garde au créneau que j'ai eu le temps de réfléchir, et maintenant j'ai pris au sérieux ces croyances avec lesquelles j'ai discuté si souvent avec les camarades. Voilà comment se passe et que l'on dise ce qu'on voudra, je sais que tu seras de mon avis.

Joseph GILLES

Jacques Georges Marie Froissart a 17 ans en 1914. Fils d'un avocat parisien, engagé volontaire à la fin du mois d'avril 1916, il est d'abord téléphoniste puis aspirant dans l'artillerie. Jacques tombe le 14 septembre 1918 d'un éclat d'obus reçu en plein cœur.

Mes chers parents,

Lorsque vous lirez cette lettre, Dieu m'aura fait l'honneur de m'accorder la sacrée mort que je pouvais souhaiter, celle du soldat et du chrétien. Que ce soit sur un champ de bataille ou dans un lit d'hôpital, je l'accepte comme dès le premier jour où je voulus m'engager. J'en accepte l'idée sans regrets et sans tristesse. Je ne peux pas vous dire de ne pas me pleurer car je sais la douleur que vous causera ma disparition mais ne regardez point la terre qui me recouvrira. Levez les yeux vers le ciel où Dieu me jugera et me donnera la place que j'aurai méritée.

Priez pour moi, car j'ai été loin d'être parfait. D'où je serai, près des chers morts que j'aurai été rejoindre, je ne vous oublierai pas. C'est vous qui m'avez fait ce que je suis devenu ; que cette idée vous console et qu'elle vous encourage à faire de celle que vous m'aviez donné mission de garder et de protéger à vos côtés une femme qui soit digne d'être votre fille. Lorsque je ne serai plus là, qu'elle sache combien je l'ai aimée. Parlez-lui quelquefois de moi. J'avais l'ambition d'accomplir dans la vie une mission que je m'étais tracée, celle d'être le guide, le flambeau dont a parlé Claude Bernard, celui qui peut être fier d'avoir vécu pour les autres en leur enseignant les principes droits par la parole et par la plume. Je voulais écrire parce que c'était à mes yeux la plus noble profession et je voulais vivre pour suivre la voie que ma conscience m'indiquait, mais, vous avez le droit de le savoir, d'autres étaient plus utiles que moi, soit que chef de famille ils eussent déjà créé alors que je n'étais que le futur, soit que ministres du Christ, ils fussent appelés à façonner des hommes, à créer des Français et des chrétiens. Pour eux, j'ai offert à Dieu le sacrifice de ma vie. J'ai chaque soir prié pour que la mort les épargne en me frappant, et mourir pour eux est presque trop beau pour moi puisque j'ai conscience de ne les valoir pas.

Jacques Georges Marie FROISSART

Mes frères, camarades des armées françaises et de leurs glorieux alliés, le Dieu tout-puissant est de votre côté! Dieu nous a aidés d'ailleurs dans notre gloire passée. Il nous aidera de nouveau à l'heure de notre détresse. Dieu est auprès de nos braves soldats dans les batailles. Il affermit leurs bras et les fortifie contre l'ennemi. Dieu protège les siens, Dieu nous donnera la victoire.

Cardinal AMETTE, discours sur le parvis de Notre-Dame

Paris, septembre 1914
Peuple bien-aimé de notre patrie,
Dieu est avec nous dans ce combat pour la justice où nous avons été entraînés malgré nous. Nous vous ordonnons donc, au nom de Dieu, de vous battre jusqu'à la dernière goutte de votre sang pour l'honneur et la gloire de votre pays. Dieu sait, dans sa sagesse et sa justice, que le droit est de notre côté, et il nous donnera la victoire.

Déclaration commune des archevêques de Cologne, Munich et Essen

Le canon est un prédicateur qui convertit beaucoup d'indifférents. Il y a bien des sceptiques de garnison qui deviennent croyants au feu.

Chanoine G. ARDANT

L'insupportable vérité

Les poilus comprennent très vite que la presse est muselée, que l'information est manipulée afin de maintenir l'ardeur guerrière et patriotique aussi bien chez les civils que chez les soldats. La propagande cherche à la fois à anesthésier et à galvaniser l'opinion publique. Ceux qui ne risquent pas à chaque instant leur vie sur le front se sont souvent installés dans la guerre. Il arrive alors que les lettres des combattants reflètent l'indicible, la part de vérité qu'il devient vital d'exprimer ne serait-ce que pour ne pas céder à la folie. L'expression de l'inexprimable devient une forme de thérapie qui brave la censure et les éventuelles représailles d'une hiérarchie débordée qui n'arrive pas à vérifier toutes les lettres subversives. Les mots peuvent être crus et bruts à l'image de l'horreur qu'ils décrivent. Lorsqu'ils ne prennent pas les contours de la vibration de l'âme de ceux qui les écrivent.

25 août 1916

Je constate que le patriotisme du début, emballé, national, a fait place dans le monde militaire à un patriotisme d'intérêt...

Pauvre officier de troupe, fais-toi crever la paillasse... Sois tranquille, ces Messieurs de l'État-Major auront des citations! Cela je m'en foutrais! Si avec cette façon d'agir, les événements de la guerre ne se prolongeaient pas...

Maintenant on envisage la campagne d'hiver, l'usure allemande ne pouvant survenir qu'après cette époque... Qu'importe au monde militaire que la guerre dure un peu plus ou un peu moins... Ces Messieurs ont des abris solides, sont à l'arrière dans des pays... et le pauvre poilu, le pauvre «officier de troupe» comme ils disent, eux ils sont là pour se faire casser la g..., vivre dans des trous infects... avoir toutes les responsabilités.

Ah jamais je ne le répéterai assez, nos poilus sont des braves, ils peuvent tous être des héros s'ils sont conduits par des officiers qui font leur devoir, des officiers qui connaissent leur vie, qui ne se cachent pas quand les obus tombent et qui osent au contraire montrer qu'ils peuvent en imposer à l'ennemi. Et pour cela il faudrait qu'à quelque service qu'ils appartiennent les officiers délaissent les criminelles questions d'avancement de l'heure actuelle, ne voient que leur devoir à remplir et que consciencieusement ils le remplissent. Hélas !!

Eh non je ne resterai pas dans l'armée... trop de choses sont trop honteuses.

Georges GALLOIS

On souffre certainement en voyant les blessés, les cadavres d'hommes et de chevaux qui gisent de tous côtés ; mais cette impression douloureuse n'est de longtemps pas aussi forte ni aussi durable qu'on se le figurait avant la guerre. Cela doit tenir en partie à ce qu'on se rend compte de son impuissance en face de tout cela, mais n'est-ce pas aussi que déjà on commence à devenir indifférent, à s'abrutir ? Comment est-il possible que je souffre davantage de mon propre isolement que de la vue de tant d'autres souffrances ? Peux-tu me comprendre ? Que me sert d'être épargné par les balles et les obus, si je perds mon âme ?

Franz BLUMENFELD,
Lettres d'étudiants allemands tués à la guerre

Michel Taupiac dit « François » a 29 ans en 1914. Il est le fils d'ouvriers agricoles du Tarn-et-Garonne. Il a l'habitude d'écrire souvent à son ami Justin Cayrou mobilisé à la fin de l'année 1915, parce qu'il avait perdu un œil et que les conseils de révision ne le déclarèrent bon pour l'armée que lorsque les troupes commencèrent à manquer.

Dimanche 14 février 1915

Cher ami,

Quand nous sommes arrivés par ici au mois de novembre, cette plaine était alors magnifique avec ses champs à perte de vue, pleins de betteraves, parsemés de riches fermes et jalonnées de meules de blé. Maintenant c'est le pays de la mort, tous ces champs sont bouleversés, piétinés, les fermes sont brûlées ou en ruine et une autre végétation est née : ce sont les petits monticules surmontés d'une croix ou simplement d'une bouteille renversée dans laquelle on a placé les papiers de celui qui dort là. Que de fois la mort me frôle de son aile quand je galope le long des fossés ou des chemins creux pour éviter leurs «shrapnels» ou le tac-tac de leurs mitrailleuses. La nuit, j'ai couché longtemps dans un tombeau neuf, puis on a changé de cantonnement et je suis maintenant dans un trou que j'ai creusé après un talus. J'emporte ma couverture pendue à ma selle, ma marmite de l'autre côté et en route. J'étais l'autre jour dans les tranchées des Joyeux. Je n'ai jamais rien vu de si horrible. Ils avaient étayé leurs tranchées avec des morts recouverts de terre, mais avec la pluie, la terre s'éboule et tu vois sortir une main ou un pied, noirs et gonflés. Il avait même deux grandes bottes qui sortaient dans la tranchée, la pointe en l'air, juste à hauteur, comme des portemanteaux. Et les «joyeux» y suspendaient leurs musettes, et on rigole de se servir d'un cadavre boche comme portemanteau. (Authentique.) Je ne te raconte que des choses que je vois, autrement je ne le croirais pas moi-même.

Michel Taupiac

24 mars 1915

La plus belle bureaucratie ne peut empêcher qu'il y ait à la guerre des blessés, des tués, ou même des malades, ni faire qu'un homme puisse passer quatre-vingt-seize heures debout. Tout cela parce qu'un officier d'état-major, dans sa précipitation à parcourir une zone qu'il jugeait dangereuse, a confondu la deuxième ligne avec la première, et a rendu compte au général qu'on n'y veillait pas. En réalité, au bout de huit mois de guerre, on en est toujours aux grandes manœuvres, et l'on songe plus à contenter un général – qui ne connaît pas les exigences matérielles infinies et réelles de la vie de tranchées – qu'à combattre l'ennemi. Ici, heureusement, il y a des officiers de réserve qui, n'ayant pas l'esprit militaire, et se souciant peu des notes qu'ils auront, essaient d'agir intelligemment plutôt que d'exécuter des ordres à la lettre.

Pierre Quentin-Bauchart

31 décembre 1916

Cher Maître,

Si vous saviez comme on s'ennuie par les jours noirs et les nuits blanches, comme au long des lignes téléphoniques la boue des boyaux colle aux semelles lourdes d'eau, si vous saviez comme est long ce troisième hiver d'interminable bataille, comme on est seul parfois, au milieu même des camarades, quand on redit toutes les paroles de la veille lorsqu'il ne faut pas dormir ou que le sommeil ne vient pas. Si vous saviez qu'il nous manque des livres et si j'osais vous en demander ; peut-être parmi tous les chefs-d'œuvre que vous avez écrits, trouveriez-vous, dans un coin, deux ou trois brochures fatiguées et ternies et, paternellement, me les enverriez-vous ? S'il en est ainsi, pour moi et les amis à qui vous aurez fait oublier le fardeau de quelques heures grises, je vous remercie de tout mon cœur et vous prie d'accepter l'hommage de ma lointaine poignée de main.

Roger B.

Maurice Drans est un poilu poète. Lorsqu'il n'écrit pas à la femme de sa vie, Georgette, il se confie à des amies comme Lucienne, déposant sur leur front des baisers de « frère ».

Février 1916

La seule gloire cruelle que nous ayons nous autres au front : « Savoir souffrir ». On domine le monde par là. Et tous les pantins à grandes gueules dorées de l'arrière, tous ces enflés qui s'trottent et qui font a… a… a… sur leurs guiboles en claquant du bec dès qu'ça pète… Dis-moi, avais-tu une mère, toi ? Où est-elle ? Elle seule sait ce que tu as coûté, ce qui s'cache au monde d'égoïsme sous l'argenterie des conventions et s'qui s'cache en toi du miroir qu'ils ont souillé les monstres à deux pattes. C'est pt'ète parce qu'il n'avait plus sa mère le gars qu'il était si vilain quelquefois ! Dis-moi aussi ; étais-tu marié ? Avais-tu un gosse ? Et si t'avais une femme était-elle coureuse, gourgandine ou ménagère ? Et le gosse était-il une tumeur de liaison malsaine ou le fruit mûr de la moisson des cœurs ? Étiez-vous de la vie raisonnable ou de la vie d'fabrique de toc ? Avais-tu l'Dieu des consciences sous l'tabernacle du foyer ?

Ou si c'était comme ceux-là d'la quincaillerie d'métal dormant sur l'comptoir à vitriol, d'l'enjeu sur fesses trônées, d'la ripaille de génitoires, d'la ribouldingue de grosse caisse sonore à la foire des ambitions : d'la roue de paon qui tourne à travers les girouettes et marionnettes de luxe ?... Ou pour ceux-là et à cause d'eux et à cause de toi qui t'négligeais, n'es-tu qu'une simple viande à l'étal sous l'bistouri du social chirurgien, une curiosité offerte et qui rapporte, qui s'immole, qui donne ton sang pour refaire celui des autres ? Tu es sale, plein de vermine, et déjà charogne et si tu es beau à l'exemple des sacrifiés, qui que tu fus, tu es racheté par toi-même au regard de Dieu. Tu es beau !

Maurice DRANS

14 mars 1916

On ne peut donner un coup de pioche sans frapper un crâne, une jambe, un bras ou un corps. C'est un véritable cimetière bouleversé. Nos abris (d'anciens abris boches) très profonds et à deux entrées, sont remplis de poux, de gros totos noirs qui nous dévorent. Ils fourmillent. Jamais je n'en ai tant vu, ni de si voraces... Nous nous grattons jusqu'au sang, la nuit, le jour, sans arrêt.

Charles CAUTAIN

Le 23 septembre 1916

Ma chère Juliette,

Ai bien reçu ta lettre ainsi que la carte et les cigarettes. Comme tu dis Briand va un peu fort en affirmant que pas un homme au front demande la paix. C'est une chose qu'il ne sait pas d'abord. Il n'a jamais été questionner les hommes en première ligne et quand il sera question de paix, ce n'est pas encore nous que l'on consultera. Les badauds vont encore être contents d'ici quelques jours. Ils liront un joli communiqué relatif à notre région. Cela aura pour but de faire passer l'emprunt et de pouvoir continuer la boucherie pendant encore un an, d'ici là on verra à remettre autre chose. Ce que les badauds ne verront pas sur le communiqué, c'est qu'il y aura encore beaucoup plus de veuves et d'orphelins. Ils seront contents quand même et se diront mutuellement en sirotant l'apéro: on les tient! En attendant, c'est nous qui sommes dans la mouscaille à respirer les gaz et la charogne, à la merci d'un morceau de ferraille qui met fin à toutes les espérances, épais en crasse et fournis en totos. Certes, un homme ne dira jamais: « Je veux la paix », car on ne la voit pas de sitôt, mais il dira: « Je donnerais n'importe quoi, voire un œil ou un membre pour foutre le camp de cet enfer. » J'espère bien pour ma part avoir dans le plus bref délai une blessure qui me permettra de lâcher un peu le sac et le fusil. Ne t'en fais toujours pas. C'est inutile. Attends comme moi les événements. Bonne grosse bise à Max, embrasse bien Yvonne et tendres baisers pour toi.

Lucien JEANNARD

Mai 1917

Je n'ai jamais vu le moral du corps d'armée aussi bas qu'en ce moment, et cela tient à plusieurs raisons. D'abord, il y a les deux tiers des hommes que voilà six mois qu'ils ne sont pas allés en permission, ensuite on est resté trop longtemps dans le secteur et on a attaqué trois fois de suite, on parle d'une quatrième. C'est toujours pour recommencer et cela n'amène pas de solution. Nous avons eu un régiment de la division qui a refusé d'attaquer. Le moral de chacun devient plus bas. Il serait temps que cela finisse, car il y en a marre. Nous n'avons rien à gagner à la continuation de la guerre. Ça a l'air de chauffer à Paris avec les grèves. Tant mieux. Je t'assure que le civil ferait pas mal de se révolter, car c'est honteux de nous faire sacrifier de la sorte.

Lettre d'un soldat français saisie par le contrôle postal

Mai 1917

Ma petite Lucienne,

La guerre a-t-elle tué irrémédiablement l'enthousiasme? Je me vois mourir à l'espérance un peu plus chaque jour. C'est cela la guerre? Nos agonies seront-elles vaines? La grande misère de la guerre, c'est, au-dessus des obus et des balles, de la mort qui n'est atroce en fait que pour ceux qui restent et qui vous pleurent, la grande misère de la guerre c'est l'agonie morale, la longueur du temps, la soumission illimitée et toujours ballottante, le crucifiement du corps, et les boues, et l'hiver, et le froid, l'eau, la solitude désespérée... Qui soutient mes frères de combat, ces orphelins de la guerre et les malheureux, les déshérités... Tous ceux-là qui sont seuls sur la terre... Ils ne trouvent qu'un remède à leurs maux: l'oubli, l'endormance brutale, l'inconscience par les mixtures du mercanti: tous les poisons maudits qui ont fait les nouveaux riches. S'ils n'ont pas pour les soutenir la volupté de l'amour et la volupté de l'idéal, ce culte en soi du beau et du bon, la foi en eux-mêmes qui est la conscience de l'avenir, cette frénésie débordante des aspirations de cœur et de cerveau, peut-on leur jeter la pierre? Ah comme je connais bien la pitié... Ayant appris la religion de la souffrance!

Maurice DRANS

Ma petite Lucienne,

Les camarades font leur instruction destructive. Demain, ils tueront. Tuez! telle est la devise! Ils tueront les Boches à plus grandes brassées; les Boches en font autant au regard de Gretchen la blonde, pour tuer les Français à plus grandes brassées. Ainsi la civilisation raffine et développe la barbarie. Alors qu'au loin, à quelques kilomètres, dans les régions abhorrées parlent les monstrueuses gueules de l'Industrie moderne qui fait de si gros riches dans sa rage d'extermination des pauvres, la voix des canons géants, accroupis, dont le bruit nous parvient, assourdi, comme une toux lointaine basse et rauque qui n'arrête jamais. Et demain j'irai, ils iront, ceux-là qui m'entourent et me sourient de leurs dents blanches, nous irons donner notre pauvre chair pitoyable à la pâture des monstres, sans défense en ce duel démesuré.

Maurice DRANS

Contre l'ennui

Pendant les 1 562 jours de guerre, du 2 août 1914 au 11 novembre 1918, les poilus côtoient à la fois l'action, la mort, le cafard et le désœuvrement. Il leur faut meubler les longues plages d'attente qui séparent les combats et les assauts. Dans les tranchées comme dans les camps de prisonniers et les hôpitaux, le courrier occupe le plus clair de leur temps. De plus, l'indignation devant le bourrage de crâne des grands quotidiens d'information et le décalage qui oppose les réalités du front à celles de l'arrière les incitent à créer leurs propres journaux dès la fin de 1914. Et quand ils n'écrivent pas, les poilus bricolent : ils travaillent le métal, le cuir, le tissu, l'osier, le bois et la pierre. Combattants, blessés ou prisonniers, ils fabriquent des objets – bijoux, figurines ou maquettes – qui deviennent des gris-gris, des souvenirs, des cadeaux, des objets de troc ou de bienfaisance.

Briquets, couteaux, bagues, bijoux, médailles, boîtes, étuis, cadres, tabatières, cannes, boucles de ceinturon, objets de piété, porte-plumes, encriers, plumiers, coupe-papiers, jouets, gadgets, statuettes, figurines, maquettes, souvenirs, symboles... L'art populaire, l'art naïf, l'art nouveau fleurissent dans les tranchées mais aussi dans les camps de prisonniers et dans les hôpitaux. Tout est récupéré, recyclé : douilles, munitions, projectiles, boîtes de conserve, poignées de portes, gamelles. Les poilus combattants, prisonniers, blessés ou mutilés deviennent ou redeviennent artisans, sculpteurs, graveurs, orfèvres, dinandiers, mécaniciens de précision.

29 août 1915
Cette bague n'est pas, certes, la plus jolie,
Mais elle porte un nom : « La bague du poilu. »
Elle fut ciselée par une main amie,
En songeant, tristement au doux bonheur perdu.
Elle rappellera, plus tard, à notre cœur,

Que durant la journée passée dans la tranchée,
Elle me procurera, un peu de vrai bonheur
En reportant vers vous, mes meilleures pensées.
J'ai passé des moments heureux à la fourbir,
Et chaque limaillon en est un souvenir.
Cette encoche au chaton ? C'est l'obus qui a éclaté,
Soulevant près de moi un affreux tourbillon !
Cette petite fleur qui lentement la flatte !
C'est la certitude que nous nous aimerons !
Elle fut ciselée par une main amie.
Et vous l'accepterez, comme un tendre présent
De celui qui, un soir, vous a donné sa vie.
Et qui a juré toujours, de rester, votre amant...

Sergents Jean BORY et Charles DOULZECH,
312ᵉ régiment d'infanterie

18 octobre 1914

J'ai commencé à couler et à façonner des bagues hier. J'en ai fait une et je te l'envoie ci-jointe pour maman ; elle n'est pas bien faite mais vous savez que je ne suis pas fabricant. J'en ai coulé plusieurs autres mais je suis mal outillé.

Germain CUZACQ

Lettres de fusillés

Entre le 2 août 1914 et le 11 novembre 1918, deux mille quatre cents poilus sont officiellement condamnés à mort. Parmi eux, six cents seront en fin de compte « fusillés pour l'exemple », dont quatre cent trente entre 1914 et 1915 et soixante quinze en 1917. Les autres voient leur peine commuée : ils sont renvoyés en première ligne ou au bagne. Ces exécutions sont motivées par de multiples motifs : vol de poule, détroussage de cadavres, refus d'obéissance, mutilation volontaire, désertion, abandon de poste devant l'ennemi, délit de lâcheté ou mutinerie. Parmi les fusillés pour l'exemple, quarante seront reconnus innocents et réhabilités après la guerre. Ces statistiques « officielles », non exhaustives, ne tiennent pas compte des exécutions sommaires relatées dans de nombreux témoignages. En 1914, elles concernent le plus souvent des comportements individuels ; en 1917, des comportements collectifs.

À Verdun, en 1916, la gendarmerie militaire n'est plus seulement chargée de maintenir l'ordre et le respect de la discipline. En 1939, dans Recherche de la pureté, *Jean Giono revient sur ces nouvelles fonctions. Les gendarmes, sur ordre de leur hiérarchie, exercent sur les poilus une forme de coercition « préventive » qui les contraint au combat et entretient parfois une forme de terreur.*

Sous le fer de Verdun les soldats tiennent. Pour un endroit que je connais, nous tenons parce que les gendarmes nous empêchent de partir. On en a placé des postes jusqu'en pleine bataille, dans les tranchées de soutien, au-dessus du tunnel de Tavannes. Si on veut sortir de là il faut un ticket de sortie. Idiot mais exact ; non pas idiot, terrible. Au début de la bataille, quand quelques corvées de soupe réussissent encore à passer entre les barrages d'artillerie, arrivées là, elles doivent se fouiller les cartouchières et montrer aux gendarmes le ticket signé du capitaine. L'héroïsme du communiqué officiel, il faut ici qu'on le contrôle soigneusement. Nous pouvons bien dire que si nous restons sur ce champ de bataille, c'est qu'on nous empêche soigneusement de nous en échapper. Enfin, nous y sommes, nous y restons ; alors nous nous battons ? Nous donnons l'impression de farouches attaquants ; en réalité nous fuyons de tous les côtés. Nous sommes entre la batterie de l'hôpital, petit fortin, et le fort de Vaux, qu'il nous faut reconquérir. Cela dure depuis dix jours. Tous les jours, à la batterie de l'hôpital, entre deux rangées de sacs à terre, on exécute sans jugement au revolver ceux qu'on appelle les déserteurs sur place. On ne peut pas sortir du champ de bataille, alors maintenant on s'y cache. On creuse un trou ; on s'enterre ; on reste là. Si on vous trouve on vous traîne à la batterie et entre deux rangées de sacs à terre on vous fait sauter la cervelle. Bientôt il va falloir faire accompagner chaque homme par un gendarme.

Jean GIONO, *Recherche de la pureté*

Le lieutenant Henri Valentin Herduin se bat avec bravoure à la tête de sa compagnie qui subit 80 % de pertes. Il finit par se replier sur Verdun avec un autre lieutenant et les quarante survivants de deux bataillons décimés… On l'accuse à tort et sans jugement d'abandon de poste devant l'ennemi. Le 11 juin 1916, il est fusillé avec le lieutenant Milan dans le bois de Fleury, sur l'ordre d'un colonel criminel. Il commande lui-même le peloton d'exécution qui le fusille, et l'ordre de surseoir à l'exécution arrive alors que l'on vient de lui donner le coup de grâce.

Fleury, le 9 juin 1916
Ma petite femme adorée,
Notre division est fauchée, le régiment est anéanti ; je viens de vivre cinq jours terribles, voyant la mort à chaque minute ; je te dirai cela plus tard… Je reste le seul commandant de ma compagnie… Je suis maintenant en arrière… Quatre jours sans boire ni manger et dans la boue des obus. Quel miracle que je sois encore là !…

11 juin 1916
Ma petite femme adorée,
Nous avons, comme je te l'ai dit, subi un échec, tout mon bataillon a été pris par les Boches, sauf moi et quelques hommes,

et maintenant on me reproche d'en être sorti, j'ai eu tort de ne pas me laisser prendre également.

Maintenant, le colonel Bernard nous traite de lâches, les deux officiers qui restent, comme si, à trente ou quarante hommes, nous pouvions tenir comme huit cents.

Enfin, je subis mon sort, je n'ai aucune honte, mes camarades qui me connaissent savent que je n'étais pas un lâche. Mais avant de mourir, ma bonne Fernande, je pense à toi et à mon Luc.

Réclame ma pension, tu y as droit, j'ai ma conscience tranquille, je veux mourir en commandant le peloton d'exécution devant mes hommes qui pleurent.

Je t'embrasse pour la dernière fois, comme un fou:

CRIE, APRÈS MA MORT, CONTRE LA JUSTICE MILITAIRE, LES CHEFS CHERCHENT TOUJOURS DES RESPONSABLES; ILS EN TROUVENT POUR SE DÉGAGER.

Mon trésor adoré, je t'embrasse encore d'un gros baiser, en songeant à tout notre bonheur passé, j'embrasse mon fils aimé, qui n'aura pas à rougir de son père, qui avait fait tout son devoir.

De Saint-Roman m'assiste, dans mes derniers moments, j'ai vu l'abbé Heintz avant de mourir. Je vous embrasse tous. Toi encore, ainsi que mon Luc.

Dire que c'est la dernière fois que je t'écris. Oh! mon bel ange, sois courageuse, pense à moi, et je te donne mon dernier et éternel baiser.

Ma main est ferme, et je meurs la conscience tranquille.

Adieu, je t'aime.

Je serai enterré au bois de Fleury, au nord de Verdun. De Saint-Roman pourra te donner tous les renseignements.

Henri HERDUIN

En temps de guerre, dans l'application de la peine, il faut envisager le point de vue de l'exemplarité comme infiniment supérieur au point de vue du châtiment. Il s'agit moins de punir un coupable que d'empêcher par la sévérité de la répression la contagion du mal.

Réflexions d'un « commissaire rapporteur », 1914

Léonard Leymarie, simple soldat fusillé à Vingré.

Je soussigné, Leymarie, Léonard, soldat de 2ᵉ classe, né à Seillac (Corrèze).

Le Conseil de guerre me condamne à la peine de mort pour mutilation volontaire et je déclare formelmen que je sui innocan. Je suis blessé ou par la mitraille ennemie ou par mon fusi, comme l'exige le major, mai accidentelmen, mai non volontairemen, et je jure que je suis innocan, et je répète que je suis innocan. Je prouverai que j'ai fait mon devoir et que j'aie servi avec amour et fidélitée, et je n'ai jamais féblie à mon devoir.

Et je jure devandieux que je sui innocan.

LEYMARIE Léonard

Comme vingt-quatre autres poilus injustement accusés d'avoir reculé devant l'ennemi, Jean Blanchard est jugé et fusillé avec cinq de ses camarades, à Vingré, le 4 décembre 1914. Il avait 34 ans. Cette lettre fut écrite la veille de son exécution à l'attention de son épouse Michelle. Réhabilité le 29 janvier 1921, Jean est un des six « Martyrs de Vingré ».

3 décembre 1914, 11 h 30 du soir

Ma chère bien-aimée,

C'est dans une grande détresse que je me mets à t'écrire et si Dieu et la Sainte Vierge ne me viennent en aide c'est pour la dernière fois, je suis dans une telle détresse et une telle douleur que je ne sais trouver tout ce que je voudrais pouvoir te dire et je vois d'ici quand tu vas lire ces lignes tout ce que tu vas souffrir ma pauvre amie qui m'est si chère, pardonne-moi tout ce que tu vas souffrir par moi. Je serais dans le désespoir complet si je n'avais la foi et la religion pour me soutenir dans ce moment si terrible pour moi. Car je suis dans la position le plus terrible qui puisse exister pour moi car je n'ai plus longtemps à vivre à moins que Dieu par un miracle de sa bonté ne me vienne en aide. Je vais tâcher en quelques mots de te dire ma situation mais je ne sais si je pourrai je ne m'en sens guère le courage. Le 27 novembre, à la nuit étant dans une tranchée face à l'ennemi les Allemands nous ont surpris, et nous ont jeté la panique parmi nous, dans notre tranchée, nous nous sommes retirés dans une tranchée arrière, et nous sommes retournés reprendre nos places presque aussitôt, résultat une dizaine de prisonniers à la compagnie dont 1 à mon escouade, pour cette faute nous avons passé aujourd'hui soir l'escouade (24 hommes) au conseil de guerre et hélas nous sommes 6 pour payer pour tous, je ne puis t'en expliquer davantage ma chère amie, je souffre trop, l'ami Darlet pourra mieux t'expliquer, j'ai la conscience tranquille et me soumets entièrement à la volonté de Dieu qui le veut ainsi ; c'est ce qui me donne la force de pouvoir t'écrire ces mots ma chère bien-aimée qui m'a rendu si heureux le temps que j'ai passé près de toi, et dont j'avais tant d'espoir de retrouver. Le 1er décembre au matin on nous a fait déposer sur ce qui s'était passé et quand j'ai vu l'accusation qui était portée contre nous et dont personne ne pouvait se douter j'ai pleuré une partie de la journée et n'ai pas eu la force de t'écrire, le lendemain je n'ai pu te faire qu'une carte ; ce matin sur l'affirmation qu'on disait que ce ne serait rien j'avais repris courage et t'ai écrit comme d'habitude mais ce soir ma bien-aimée je ne puis trouver des mots pour te dire ma souffrance, tout me serait préférable à ma position, mais comme Dieu sur la Croix je boirai jusqu'à la lie le calice de douleur. Adieu ma Michelle adieu ma chérie, puisque c'est la volonté de Dieu de nous séparer sur la terre j'espère bien qu'il nous réunira au ciel où je te donne rendez-vous, l'aumônier ne me sera pas refusé et je me confierai bien sincèrement à lui, ce qui me fait le plus souffrir de tout, c'est la déshonneur pour toi pour nos parents et nos familles, mais crois-le bien ma chère bien-aimée sur notre amour, je ne crois pas avoir mérité ce châtiment pas plus que mes malheureux camarades qui sont avec moi et ce sera la conscience en paix que je paraîtrai devant Dieu à qui j'offre toutes mes peines et mes souffrances et me soumets entièrement à sa volonté. Il me reste encore un petit espoir d'être gracié oh bien petit mais la Sainte Vierge est si bonne et si puissante et j'ai tant confiance en elle que je ne puis désespérer entièrement.

Jean BLANCHARD

L'électricien Marcel Garrigues est originaire de Tonneins, dans le Lot-et-Garonne. Il a 31 ans en 1914. En dix-sept mois de guerre, il n'a jamais revu sa famille car ses permissions sont toujours annulées au dernier moment. Il est tué le 12 décembre 1915 par une balle perdue, alors qu'il sert les repas de ses camarades.

Samedi 31 juillet 1915

Chère femme,

Je voulais t'écrire hier mais j'étais tellement fatigué et j'avais la tête sens dessus dessous que je n'ai pas eu le courage de le faire. Je vais te raconter en quelques mots à la scène que nous avons assisté. Nous étions à Bully avant-hier soir on nous dit que le lendemain le réveil était à 2 heures que nous allions passer la revue de notre vénérable général Joffre et d'être le plus propre possible. Si je m'étais attendu à ça je me serais fait porter malade, j'aurais eu 8 jours de prison mais au moins je n'aurais pas assisté à un assassinat. Ça s'était vaguement dit c'est pour une dégradation mais jamais je ne me serais attendu à une exécution. Nous sommes partis du cantonnement vers les 3 heures on nous a conduits dans un parc. Là on nous a fait former en rectangle et en voyant le poteau nous avons compris mais trop tard à la scène que nous allions assister. C'était pour fusiller un pauvre malheureux qui dans un moment de folie tant que nous étions à Lorette a quitté la tranchée et a refusé d'y revenir. Vers 4 heures deux autos arrivent, une portant le pauvre malheureux et l'autre les chefs qui avant l'exécution devaient lire les rapports le condamnant à la peine de mort. Il est arrivé entre deux gendarmes, a regardé en passant le poteau, puis à quelque pas plus loin on lui a bandé les yeux. Puis une fois la lecture faite on l'a conduit au poteau, où après avoir reçu les ordres de se mettre à genoux, il l'a fait sans un geste, ni un murmure de refus. Pendant ce temps les douze soldats qui étaient chargés de ce triste travail se sont mis à 6 pas comptés d'avance par un adjudant commandant le peloton d'exécution. Puis après lui avoir attaché les mains au poteau et nous avoir fait mettre au présentez armes nous avons entendu les tristes commandements («joue-feu...») puis ce pauvre malheureux s'est tordu et un sergent lui donnant le coup de grâce, une balle de revolver dans la tête. Le major est allé voir ensuite s'il était mort, il a levé la tête comme qui veut le regarder puis plus rien. Le crime était accompli. Ensuite nous avons défilé devant le cadavre qui cinq minutes auparavant était bien portant et qui est mort en brave. Puis à vous pauvres on vous dit que le moral est excellent mais on ne vous dit pas que chaque jour et presque dans chaque division il y en a plus de 20 qui passent le conseil de guerre, mais ils ne sont pas tous condamnés à mort. On vous dit aussi le soldat est bien nourri sur le front il a de tout, du reste, ce n'est pas difficile car ce que l'on nous donne est immangeable. Aussi souvent nous la sautons et dernièrement après que l'on nous a servi une soupe que les chiens n'auraient pas mangée j'ai demandé une ceinture, on voulait me foutre dedans. Heureusement qu'avec les colis que nous recevons tous nous pouvons presque vivre. Je termine en t'embrassant mille fois ainsi qu'aux gosses et à toute la famille. Le bonjour aux voisins et amis. Reçois mille baisers de ton mari ainsi que les gosses.

Ton mari Marcel

« À bas la guerre »

Avril 1917. Saison paradoxale, printemps morbide pour des hommes usés par des combats meurtriers et gagnés par un sentiment d'enfermement dans une guerre à perpétuité. Le bourrage de crâne de l'État ne fonctionne plus. La guerre ne paraît plus légitime, mais interminable et suicidaire. Des poilus dénoncent l'incompétence et le mépris de certains généraux. Dans ce contexte, l'offensive que le général Nivelle, surnommé « général Nivelleur », lance en avril au Chemin des Dames relève de la provocation. Elle fait cent quatorze mille morts et blessés parmi les soldats français. Face à l'entêtement de l'état-major qui souhaite poursuivre l'offensive à outrance, des mutineries éclatent. Elles constituent la forme extrême de désobéissance collective des soldats, dans laquelle l'influence de la révolution russe et de la propagande pacifiste ont également joué un rôle.

Âgé de 39 ans au moment de la mobilisation, Gaston Lavy appartient à la Territoriale, théoriquement destinée à rester en arrière des unités actives. Mais, la guerre s'enlisant, il se retrouve au cœur des combats. Durant toute la guerre, il prend des notes qui lui servent à rédiger ses Mémoires en 1920.

Transis, grelottants, miséreux notre moral descend chaque jour davantage. Nous avons été pressentis par une unité voisine qui elle aussi est à bout... Une mutinerie... pourquoi pas. Nous sommes mûrs pour la révolte. Le découragement gagne chaque jour du terrain. Des troupes se forment, des conciliabules ont lieu en catimini. Des mots s'échangent à voix basse.

Gaston LAVY

Les mutineries qui débutent à la fin du mois d'avril 1917 atteignent leur paroxysme en juin. Elles gagnent toutes les armées pendant huit semaines et touchent soixante-huit divisions sur cent.

4 mai. La 2e DCI doit participer aux nouvelles attaques sur le Moulin de Laffaux. Des papillons invitant la troupe à ne pas marcher, d'autres portant « À bas la guerre », « Mort aux responsables » sont affichés dans les cantonnements. Dans certains bataillons, les hommes déclarent hautement qu'ils ne veulent plus se battre. [...] Un bataillon qui doit relever dans la nuit un bataillon de première ligne se disperse dans les bois et il faut toute la nuit pour le rassembler ; la relève ne peut avoir lieu.

Gaston LAVY

Depuis quelques jours, les actes d'indiscipline, collectifs et manifestations se multiplient de façons inquiétantes. Ils sont certainement organisés et laissent pressentir les mouvements les plus sérieux. [...]

Lettre de Pétain au ministère de la Guerre, 29 mai 1917

La Chanson de Craonne *est connue pour être celles des mutins de 1917. Pourtant, c'est une valse d'amour composée en 1911 par le père de Jean Sablon, devenu un standard à succès. Les poilus reprennent et adaptent le refrain et les paroles à chaque coup de tabac, Lorette, Verdun... puis Craonne et le Chemin des Dames ! Les diverses variantes de la chanson qui circulent sur le front en 1917 sont interdites par la censure militaire en raison de certaines paroles défaitistes, antimilitaristes et anticapitalistes.*

Bonsoir M'amour, 1911

Adieu, m'amour ! adieu, ma fleur !
Adieu toute mon âme !
Ô toi qui fis tout mon bonheur
Par ta bonté de femme !
Du souvenir de ses amours

L'âme est toute fleurie,
Quand on a su toute la vie
S'adorer toujours !

La Chanson de Craonne, 1917

C'est malheureux d'voir sur les Grands Boul'vards
Tous ces gros qui font leur foire
Si pour eux la vie est rose,
Pour nous c'est pas la mêm'chose.
Au lieu de s'cacher, tous ces embusqués
F'raient mieux d'monter aux tranchées
Pour défendr'leurs biens, car nous n'avons rien,
Nous autr's, les pauvr's purotins.
Tous les camarades sont enterrés là,
Pour défendr'les biens de ces messieurs-là.

Refrain

Adieu la vie, adieu l'amour,
Adieu toutes les femmes.
C'est bien fini, c'est pour toujours,
De cette guerre infâme.
C'est à Craonne, sur le plateau,
Qu'on doit laisser sa peau
Car nous sommes tous condamnés,
C'est nous les sacrifiés !
Ceux qu'ont l'pognon, ceux-là r'viendront,
Car c'est pour eux qu'on crève.
Mais c'est fini, car les troufions
Vont tous se mettre en grève.
Ce s'ra votre tour, messieurs les gros,
De monter sur l'plateau,
Car si vous voulez faire la guerre,
Payez-la de votre peau !

Les grandes grèves

En janvier 1915, le ministre de la Guerre Alexandre Millerand déclare froidement : « Il n'y a plus de droit ouvrier, plus de lois sociales. Il n'y a que la guerre. » Malgré l'Union sacrée qui suit la mobilisation, la misère générée par l'économie de guerre, la montée des prix en 1916 qui ampute le pouvoir d'achat de 10 %, provoquent de nombreux mouvements sociaux très souvent déclenchés par les femmes, qui ont pris une place importante dans les usines. Le niveau des grèves de 1917 et 1918 dépasse celui de 1906 et de 1910. Dans le seul département de la Seine, quatre-vingt-dix-huit grèves en 1915, trois cent quinze en 1916 avec plus de quarante mille grévistes, six cent quatre-vingt-seize en 1917 avec plus de deux cent quatre-vingt-treize mille grévistes. En mai 1917, quelques jours après l'échec dramatique de l'offensive du Chemin des Dames, les « midinettes » se mettent en grève, suivies par les « munitionnettes », comme les deux mille cinq cents ouvrières de la poudrerie Saint-Médard en Gironde. En mai 1918, c'est le tour des cent mille métallos des usines de guerre. Usines Renault, Panhard et Levassor, De Dion-Bouton, mais aussi les centres liés à l'aviation, tels Salmson, Astra, Nieuport, Voisin, Morane, Farman, Keller : les foyers se multiplient.

Pour faire face à la vie chère, Louis-Jean Malvy, ministre de l'Intérieur en 1917, veut faire pression sur les entrepreneurs afin qu'ils accordent des augmentations à leurs employés. Il envoie un télégramme confidentiel au préfet de Grenoble pour connaître l'état d'esprit des Français dans sa région. Le préfet répond par un rapport. Partisan d'une paix blanche, Malvy est soupçonné de pacifisme et démissionnera de son poste ministériel deux mois plus tard.

L'état d'esprit de la population de l'Isère est loin d'être satisfaisant et l'énergie morale dont cette population avait donné l'exemple a subi une dépression générale depuis deux mois. [...]

Les propos tenus par les soldats venant du front sont en grande partie la cause de cet affaissement moral de la population: ces propos, tenus en chemin de fer, dans les gares, dans les cafés à l'arrivée, puis au village, donnent une impression déplorable de la mentalité d'un trop grand nombre de mobilisés. Chacun raconte et amplifie tel incident fâcheux, telle erreur commise par les chefs, tel combat sanglant demeuré inutile, tels actes d'indiscipline commentés comme des actes de courage et d'énergie. [...] Dans les campagnes, l'énervement est moins sensible que dans les villes; les paysans travaillent, mais ils ne cachent pas que «ça dure trop»; ils sont las des efforts continus auxquels ils sont contraints pour faire produire la terre, de l'insuffisance de la main-d'œuvre agricole, et de la charge si lourde que font peser sur eux les réquisitions; ils deviennent... indifférents aux idées d'efforts collectifs... aux appels patriotiques... Dans les villes... la population... est plus nerveuse: les ouvriers, les gens du peuple s'indignent de la longueur de la lutte, supportent impatiemment la cherté croissante de la vie, s'irritent de voir les gros industriels travaillant pour la guerre faire des profits considérables Influencés par la révolution russe, ils rêvent déjà de comités d'ouvriers et de soldats, et de révolution sociale...

Rapport du préfet de l'Isère

Il n'est pas exagéré de dire que, partout en France, le coût de la vie a augmenté, au minimum de 40 à 60 %, de sorte que, tout en travaillant comme des bagnards, ainsi que nous l'écrivent de nombreux camarades, les non-mobilisés n'arrivent pas à payer leur pension, et les évacués peuvent très difficilement subvenir à leurs besoins et à ceux de leur famille. Pour les femmes et les enfants, l'exploitation est plus odieuse encore et dépasse tout ce qu'on peut imaginer. Elle est monstrueuse, et jamais nos organisations n'ont connu autant de malades, de blessés et surtout d'estropiés, parmi ces femmes et ces enfants. [...]

À toutes les réclamations, on objecte «l'état de guerre». Ce dernier n'empêche pas les bénéfices scandaleux qu'on tolère complaisamment aux industriels et à leurs multiples intermédiaires, alors que l'on parle toujours des devoirs des ouvriers travaillant pour la guerre, et d'une nécessaire réduction des salaires.

L'Union des métaux, 9 octobre 1915

La création de la carte d'alimentation, la mauvaise qualité des farines, le besoin absolu de limiter la consommation générale, produisirent de vives réclamations. Des contestations naquirent du fait de l'inégalité des quantités de pain attribuées aux consommateurs suivant leur âge ou leur condition. En résumé, si personne ne souffrit vraiment de la faim, tout le monde vécut fort mal. L'arrivage de charbon fut également long et coûteux, les attributions faites par la Préfecture et par délégation du Bureau national des charbons ne représentaient que 40 % de la consommation d'avant-guerre.

Témoignage du maire de Rezé (Loire-Atlantique)

En captivité

Entre 1914 et 1918, trois cents camps abritent en Allemagne plus de cinq cent quarante mille prisonniers de guerre français et cent mille civils français et belges, pris en otages, arrêtés par mesure de représailles ou de façon préventive dans les zones occupées ou les zones interdites, avant d'être déportés. Il existe plusieurs types de camp : les Mannschaftslager *sont des camps de prisonniers classiques, tout comme les camps d'officiers. Les* Durchgangslager *sont des camps de transit. Il existe enfin des camps de représailles où l'espérance de vie est en général très courte. Vingt mille prisonniers de guerre français ne reviennent pas, décimés par les mauvais traitements, la malnutrition et les maladies contagieuses. Pour ceux qui résistent, le grand ennemi reste le cafard, combattu à grand renfort de distractions organisées et planifiées : théâtre, lectures, compétitions sportives, concerts, sans oublier le bricolage qui engendre un véritable artisanat de captivité.*

En 1914, Alexandre de Gieysz a 36 ans. Il est peintre décorateur spécialisé dans le faux bois. Il a eu avec son épouse, Amélie, deux filles : Madeleine, 7 ans et Geneviève, 2 ans. Alexandre est fait prisonnier dès le début des hostilités, le 4 août 1914. Il passe quatre ans et demi au camp de Friedrichsfeld, près de Wesel. Pendant toute la guerre, il écrit à ses filles et à son épouse, peint pour elles de petits objets et des cartes postales. Libéré le 11 février 1919, Alexandre rentre chez lui très affaibli. Il ne retravaillera jamais et mourra quatre ans plus tard.

Friedrichsfeld, le 7 octobre 1915

Ma chère Amélie,

Je t'écrivais le 2 octobre, je recevais ta lettre du 27 le lendemain. Je reçois régulièrement le pain mais les petits colis, je n'en reçois plus. Il n'y a pas que moi d'ailleurs. Nous venons de changer de baraque. Nous sommes à la 14A. Donc nouvelle adresse. Sur les mandats n'oublie pas de mettre 7293. Je suis bien heureux de tout ce que tu racontes des fillettes mais, je n'ai pas besoin de te recommander, pas de surmenage pour Madeleine, qu'elle étudie mais qu'elle joue. Je t'envoie un spécimen de nos baraquements, qui seront comme cela dans un mois car l'année dernière, il tombait de la neige le 15 novembre ! Santé toujours excellente [...]. Tu me dis que c'est long, mais mets-toi à notre place, et pourtant c'est sans énervement que j'attends le bonheur de vous servir.

Alexandre DE GIEYSZ

Le camp de Quedlinburg est un « camp principal » pour soldats, situé dans la province de Saxe, au sud-ouest de Magdebourg. Trois mille cinq cents prisonniers de guerre parmi lesquels plus de mille Français y sont enfermés entre 1914 et 1918. À partir de juillet 1915, pour tenter de combler le vide et l'ennui, les prisonniers rédigent un journal: Le Tuyau.

Un orchestre...? Charme pour des captifs ! [...] Pourtant les choses traînent. [...] À l'heure actuelle, nous manquons de partitions. Nous en attendons beaucoup de France. Nous en avons commandé en Allemagne, elles ne viennent pas. [...] Grâce au zèle de notre distingué contrebassiste, M. L. Kircher qui, de mémoire ou à l'aide de médiocres documents, a adapté pour « notre musique » presque tous les morceaux exécutés jusqu'à présent. [...] Un instrument vient d'arriver de France, c'est le premier et son propriétaire, le hautboïste renommé M. Marson, prix du conservatoire, s'est fait entendre dès le lendemain au cours de la répétition générale du Grand Concert populaire annoncé pour la fête nationale du 14 juillet. [...] Nous attendons incessamment de nouveaux instruments. L'arrivée du trombone à coulisses est imminente. Le fournisseur nous apprend qu'il est au polissage ! L'impatience est maintenant fébrile. À bientôt donc pour le premier concert ; une grande assistance nous encouragera !

Le Tuyau, n° 1, juillet 1915

Nous débarquons à la gare de Quedlinburg, où la foule est très nombreuse, mais il n'y a aucun tumulte. Tout le monde est silencieux et nous regarde d'un air content. Nous traversons un coin de la ville à la lueur des torches que tiennent les pompiers qui nous conduisent au camp des prisonniers. Il se trouve à 3 km environ de la ville. [...] Il est en plein milieu des champs labourés, dans une boue où l'on s'enfonce jusqu'aux genoux et où il faut être équilibriste pour tenir debout. Nous sommes rassemblés aussitôt et un officier allemand nous dit : « Soldats français, vous êtes maintenant nos prisonniers, et celui qui osera ne pas nous obéir sera fusillé sur-le-champ. » Nous sommes conduits dans notre chambre faite de planches mal jointes et ouvertes aux 2 extrémités. Je suis forcé de coucher dehors faute de place, sur une poignée de paille sur la terre toute humide.

Journal d'Abel CASTEL, 28 septembre 1915

Nous n'avons pour toute nourriture, outre le pain et la décoction de glands grillés du matin et du soir, qu'une simple soupe à midi. Quelle soupe ! Les quelques pommes de terre pourries qui nous sont allouées sont, après un lavage sommaire au robinet, versées non épluchées dans les marmites. Quelques carottes fourragères s'y ajoutent avec leurs fauves et coriaces pelures, et la viande qui cuit dans ce bouillon, aussi noir que l'eau fétide d'un égout, n'est, pour la plupart du temps, que de la tête de cheval avarié. L'odeur de cette « tambouille » est telle que nous sommes parfois, pour ne point trop empuantir la chambrée et parvenir tout de même à manger, obligés de la servir en plein air.

Mario MEUNIER, prisonnier au camp jusqu'en juillet 1915

Une victoire amère

Au terme de cinquante-deux mois de guerre, le traité de paix signé sept mois après l'armistice, le 28 juin 1919, dans la galerie des Glaces du château de Versailles reste un acte de guerre. Signé à l'endroit où fut fondé l'Empire allemand le 18 janvier 1871, il oppose les représentants de vingt-sept pays vainqueurs aux Allemands et à leurs alliés. Mais il a en fait été rédigé par quatre personnes: le Français Georges Clemenceau, le Britannique Lloyd George, l'Américain Woodrow Wilson et l'Italien Vittorio Orlando. Il endette l'Allemagne jusqu'en 2010 et annonce la création d'une Société des Nations, gardienne de l'ordre nouveau et de la paix. Mais sur les ruines des quatre grands empires d'avant 1914 (Allemagne, Autriche-Hongrie, Russie et Turquie) naissent de petits États aussi instables que turbulents. Le «nouvel ordre» issu du traité de Versailles aggrave la crise économique, politique, sociale et diplomatique qui ravage les pays vaincus et transforme le monde en poudrière.

Achille Marius Maillet a 25 ans en 1914. Né à Lodève, il est le fils d'ouvriers du textile. Il est cuisinier, comme son frère tué sur le front au début de la guerre, et ne cesse d'écrire à sa femme Maria.

Le 11 novembre 1918, 11 h du matin
Ma chère bien-aimée pour la vie,
Tout est fini la paix est signée – on ne tue plus – le clairon sonne le cessez-le-feu. Je suis à Omont dans les Ardennes. Je pars à l'instant pour la frontière. T'en fais plus. Je suis maintenant hors de danger. Ne peux écrire plus longuement aujourd'hui.
Meilleure douce caresse à vous tous. À toi bons baisers et à bientôt.

Marius

Élise Bidet est la fille d'une famille de vignerons établie à Jussy, dans l'Yonne. Ses deux oncles ont été tués au front en octobre et décembre 1914. Elle écrit souvent à ses parents et à son frère, le poilu Edmond Massé, épargné par la guerre.

Mercredi 13 novembre 1918

Mon cher Edmond,

Enfin, c'est fini. On ne se bat plus ! On ne peut pas le croire, et pourtant c'est vrai ! C'est la victoire comme on ne l'espérait pas au mois de juin dernier, et même au 15 juillet ! Qui aurait osé espérer à cette époque une victoire aussi complète ! Et en si peu de temps, pas quatre mois ; c'est merveilleux ! Je ne sais pas comment vous avez fêté l'armistice à Jussy, et comment et quand l'heureuse nouvelle vous a été annoncée. [...] Ici, à Paris, on l'a su à 11 heures par le canon et les cloches ; aussitôt tout le monde a eu congé partout ; aussitôt les rues étaient noires de monde.

Toutes les fenêtres pavoisées, jamais je n'ai tant vu de drapeaux et de toutes les couleurs alliées, le coup d'œil est magnifique.

Tout le monde a sa cocarde, les femmes des rubans tricolores dans les cheveux ; tous les ateliers en bande, hommes et femmes bras dessus bras dessous, drapeaux en tête, parcouraient en chantant les boulevards et les grandes avenues.

Les camions automobiles des usines montés par les ouvriers et ouvrières chantant et acclamant. Et les Américains juchés sur leurs camions n'ont pas cessé de parcourir la ville, montant tous ceux qui voulaient monter vers eux, mais surtout les jeunes filles, ça se comprend.

Quelles ovations sur leur passage ! Et les quelques poilus en perme, quelle fête on leur faisait aussi. Jamais je n'ai tant vu de monde. Tout était permis, aucun sergent de ville, aucun service d'ordre. Toute liberté était laissée au peuple en délire. Les Américains embrassant les femmes dans les rues.

Mais quel beau spectacle place de la Concorde depuis un mois. Déjà elle était parée pour la circonstance, garnie de canons, d'avions, de mitrailleuses, de tanks, de saucisses, de montagnes de casques boches, tout cela pris aux Boches. Des gamins ou jeunes gens, des jeunes filles, montaient sur les canons ou les traînaient partout ; on en a retrouvé jusqu'à Montmartre.

Et cette vie a duré lundi après-midi et mardi toute la journée.

On a promené des prisonniers boches en voiture fermée pour leur faire voir la joie des Parisiens.

Lundi soir, Maurice a voulu aller au cinéma pour entendre chanter *La Marseillaise*. Nous avons été à Gaumont ; c'était impressionnant quand un poilu est venu sur la scène enveloppé dans les plis d'un drapeau chanter *La Marseillaise*, et tous les assistants debout l'accompagnant.

Tout cela c'est bien beau et combien de cœurs en joie, mais aussi combien d'autres pleurent les leurs qui ne voient pas ce beau jour. Mais que leur chagrin aurait été encore plus grand si la mort des leurs n'eût servi à rien ! [...]

Quelle journée inoubliable et qu'est-ce que ce sera lorsque les troupes défileront sous l'Arc de Triomphe !

Sois heureuse, maman, ton fils te sera rendu ; tu seras récompensée de ses peines.

Bien joyeux baisers de nous deux à tous les quatre,

Élise

À l'automne 1918, le capitaine Charles de Gaulle est prisonnier de guerre et incarcéré dans les prisons de Passau et Magdebourg. Il analyse froidement dans ses lettres la situation politique qui attend la France et l'Europe.

Est-ce que la France oubliera si vite, si tant est qu'elle l'oublie jamais, un million cinq cent mille morts, son million de mutilés, Lille, Dunkerque, Cambrai, Douai, Arras, Saint-Quentin, Laon, Soissons, Reims, Verdun détruits de fond en comble ? Est-ce que les mères qui pleurent vont soudain sécher leurs larmes ? Est-ce que les orphelins vont cesser d'être orphelins, les veuves d'être veuves ? Est-ce que des générations durant, dans toutes les familles de chez nous, on ne se léguera pas les souvenirs formidables de la plus grande des guerres, semant au cœur des enfants ces germes de haine de nations que rien n'éteint ? [...] Chacun sait, chacun sent que cette paix n'est qu'une mauvaise couverture jetée sur des ambitions non satisfaites, des haines plus vivaces que jamais, des colères nationales non éteintes.

Charles de Gaulle, *Études et correspondances*

Le Nouvelliste de Lyon est un quotidien catholique français, basé à Lyon. Dans un article intitulé « La guerre et la Société des Nations » paru en janvier 1919, le journal pointe ses limites comme garante de la paix, alors même que des tensions naissent dans les nouveaux pays issus des traités de paix.

On parle de plus en plus de la Société des Nations et peut-être l'opinion se fait-elle peu à peu que, grâce au Président Wilson, le fléau de la guerre va être appelé à disparaître de la face du monde. Nous serons, quant à nous, beaucoup plus sceptiques. Nous attendrons que nos fils et nos petits-fils aient vu, et bien vu. Sans doute, après une saignée semblable, il y aura une longue série d'années de paix, comme après 1870 ; mais qu'est-ce que cela changera bien à l'histoire du genre humain telle qu'elle s'est déroulée depuis beaucoup de dizaines de siècles ? Aussi bien, même à l'heure actuelle, la fin de la Grande Guerre, de la guerre entre les nations, n'a pas amené la paix à l'intérieur de chacune d'entre elles : témoin ce qui se passe en Pologne, en Russie et même en Allemagne, à tel point que de la mer de Béring jusqu'à l'Oder ou à l'Elbe, c'est la guerre anarchique et la guerre partout, au lieu de la guerre organisée et savante sur le front des armées. [...]

Les traités d'arbitrage, la Cour suprême, le grand tribunal des ambassadeurs, voilà sans doute d'excellents procédés, mais à tout prendre, ce ne sont encore que des procédés [...]. Vous aurez tout prévu, dans votre charte internationale de la paix éternelle ; tout, excepté le grain de sable qui empêchera la machine de marcher ; tout, excepté l'homme providentiel et divin – divin, hélas ! peut-être pour la justice vengeresse – qui entrera malgré vous dans l'histoire et qui la fera dévier du lit calme et régulier où vous vouliez faire toujours couler ses eaux.

« La Guerre et la Société des Nations », *Le Nouvelliste de Lyon*,
9 janvier 1919

Une paix trop douce pour ce qu'elle a de dur : dès qu'elle avait été connue, nous en avions donné cette définition. [...] Le traité enlève tout à l'Allemagne, sauf le principal, sauf la puissance politique, génératrice de toutes les autres. Il croit supprimer les moyens de nuire que l'Allemagne possédait en 1914. Il lui accorde le premier de ces moyens, celui qui doit lui permettre de reconstituer les autres, l'État, un État central, qui dispose des ressources et des forces de 60 millions d'êtres humains et qui sera au service de leurs passions.

Jacques BAINVILLE,
Les Conséquences politiques de la paix, 1920

La campagne accomplie pour faire payer par l'Allemagne les dépenses de guerre nous semble avoir été un des actes les plus graves de folie politique dont nos hommes d'État aient jamais été responsables. C'est vers un avenir bien différent que l'Europe aurait pu se tourner si M. Lloyd George et M. Wilson avaient compris que les plus importants problèmes qui devaient les occuper n'étaient ni politiques ni territoriaux, mais financiers et économiques, et que les dangers qui menaçaient n'étaient pas dans des questions de frontières et de souveraineté mais de ravitaillement, de charbon et de transports.

John Maynard KEYNES,
Les Conséquences économiques de la paix, 1920

En 1914, la couronne d'Autriche administrait un empire de 650 000 kilomètres carrés peuplé de plus de 50 millions d'habitants. L'Autriche vaincue de 1919 ne couvre plus que 83 000 kilomètres carrés avec une population de 6,5 millions de personnes. Isolée, coupée de tout ravitaillement par les conséquences de la guerre, elle entre dans une crise économique et sociale terrible. Famine, inflation, chômage poussent le peuple et l'opinion publique dans une misère extrême et dans un désespoir absolu : le pays devient une pépinière idéale pour un apprenti dictateur. Le sénateur français François Albert déclare le 1ᵉʳ juillet 1920 : « Tel que le traité constitue l'Autriche, on peut dire qu'il place dans la partie sud de l'Europe centrale un véritable cadavre. Voilà un pays sans débouché, sans issue maritime. Quelle tentation pour lui d'aller chercher cette issue du côté de l'Allemagne !... »

Jamais n'a été infligée à un peuple, avec plus de brutalité, une paix aussi accablante et aussi ignominieuse qu'au peuple allemand la paix honteuse de Versailles. Dans toutes les guerres des derniers siècles, des négociations entre vainqueur et vaincu avaient précédé la conclusion de la paix. [...] Mais une paix sans négociations préalables, une paix dictée comme celle de Versailles, est aussi peu une vraie paix qu'il n'y a transfert de propriété quand un brigand renverse à terre un malheureux et le contraint ensuite à lui remettre son porte-monnaie. La paix de Versailles nous a ravi plus de soixante-dix mille kilomètres carrés et plus de sept millions d'habitants.

Mémoires du chancelier prince von Bülow

28 juin 1919

J'ai le cafard ! Signature de la paix à 15 heures – jour férié – foule énorme dans les rues ; foule bête, sans autre enthousiasme que celui du jour de sortie supplémentaire ; sans autre pensée que celle d'essayer de s'amuser, ce à quoi du reste, elle ne parvenait pas ! Moi, j'ai eu de cette journée une impression fort pénible, une sorte d'écœurement devant cette fin de guerre, si peu une victoire. Devant l'insouciance de la masse pour laquelle le problème de la Défense nationale ne se pose plus.

Les gens sont tranquilles et ils ne pensent pas que chaque pas, dès maintenant, les rapproche d'une reprise de cette chose horrible dont ils chantent la fin ; que dans dix ans sans doute, il faudra recommencer, que ce sera plus court mais que l'issue, sans doute, en sera terrible !

Marie-Gabrielle Mézergue

L'impossible deuil

Le 1,5 million de poilus morts au champ d'honneur laisse six cent mille veuves et sept cent soixante mille orphelins, et sans doute autant de « veuves blanches », ces jeunes filles endeuillées par la perte de leur fiancé. La grippe espagnole achève le carnage des tranchées en faisant quatre cent mille morts. Parmi les 6,2 millions de poilus qui survivent à la guerre, trois millions ont été blessés, dont un million d'invalides, et vingt mille sont des « gueules cassées », mutilés au visage. Certains de ceux qui rentrent sont devenus dépendants à l'alcool, distribué sans compter dans les tranchées. Le quart du territoire est dévasté, les campagnes sont dépeuplées et l'économie exsangue. De 1920 à 1925, la France se dote d'environ trente mille monuments aux morts, chaque commune ayant à cœur d'honorer ses morts et disparus. Le 11 novembre 1920, la IIIe République rend hommage à un soldat inconnu mort pendant la guerre, représentant anonyme de l'ensemble des poilus tombés pour la France. Deux cent cinquante mille corps manquent à l'appel et cent mille restent impossibles à identifier : autant de familles qui ne pourront jamais accomplir leur deuil.

Sur le monument aux morts de la commune de Château-Arnoux-Saint-Auban dans les Alpes-de-Haute-Provence, une mère montre à son fils les conséquences du conflit, tandis que celui-ci casse sur son genou une épée, renonçant à la guerre. Un poème de Victorin Maurel, le maire et instituteur du village, intitulé Pax Vox Populi *(La paix, voix du peuple) accompagne la scène.*

PAX VOX POPULI

Passant, incline-toi devant ce monument !...
Vois cette femme en deuil montrant les hécatombes
Ses yeux taris de pleurs scrutent au loin les tombes
Où dorment tant de preux victimes du moment !...

Ils firent ces héros le solennel serment
De fermer à jamais les noires catacombes.
Arrière, dirent-ils, les obus et les bombes
Et sois bénie, ô paix, sœur du désarmement!...

Passant, incline-toi! Regarde cette mère!...
Elle clame à son fils : la gloire est bien amère,
La gloire ô mon enfant, est là chez nos grands morts.

Mais sache désormais que la guerre est un crime.
Qu'elle laisse après elle, à de cuisants remords
Ceux qui firent sombrer les peuples dans l'abîme!...

Victorin MAUREL

Louis Barthas est tonnelier à Peyriac-Minervois au moment de la déclaration de guerre. Militant socialiste, il a participé dans sa région à la création du syndicat des ouvriers agricoles et partage les idées pacifiques de Jean Jaurès. Lorsqu'il rentre chez lui après l'armistice, il retrouve son atelier.

Février 1919

Dans les villages on parle déjà d'élever des monuments de gloire, d'apothéose aux victimes de la grande tuerie, à ceux, disent les patriotards, qui «ont fait volontairement le sacrifice de leur vie», comme si les malheureux avaient pu choisir, faire différemment. Je ne donnerais mon obole que si ces monuments symbolisaient une véhémente protestation contre la guerre, l'esprit de la guerre et non pour exalter, glorifier une telle mort afin d'inciter les générations futures à suivre l'exemple de ces martyrs malgré eux.

Ah! si les morts de cette guerre pouvaient sortir de leur tombe, comme ils briseraient ces monuments d'hypocrite pitié, car ceux qui les y élèvent les ont sacrifiés sans pitié.

[...]

Souvent je pense à mes très nombreux camarades tombés à mes côtés. J'ai entendu leurs imprécations contre la guerre et ses auteurs, la révolte de tout leur être contre leur funeste sort, contre leur assassinat. Et moi, survivant, je crois être inspiré par leur volonté en luttant sans trêve ni merci jusqu'à mon dernier souffle pour l'idée de paix et de fraternité humaine.

Louis BARTHAS

Depuis trois ans que cette terrible guerre est déclarée, nous avons eu le temps d'apprendre ce que c'était que la misère. Il serait bon que cette misérable tuerie finisse bientôt et que tout le monde retrouve ses familles et un peu de gaieté, pas comme avant la guerre car presque tout le monde est en deuil.

Rose, 11 ans, 1917

Dès le début des années 1920, un véritable tourisme de guerre se met en place sur les champs de bataille. Le « Touring Club de Belgique » ne manque pas d'organiser un circuit autour de Verdun.

Verdun même est plus qu'aux trois quarts détruite : des rues entières, telle la rue conduisant de la ville basse à la citadelle, ne sont plus que des pierres écroulées ; ailleurs, quelques pans de murs subsistent, mais il faudra les abattre pour reconstruire ; la cathédrale a été relativement épargnée : la nef droite est à peu près intacte. Sous le soleil brûlant d'un jour d'été, la ville, toute blanche parmi ses plâtres et ses gravats, où accèdent des escaliers et d'étroites rues, donne l'aspect d'une ville du Midi, Grasse, par exemple, ou mieux Arles ou Avignon, fameuses par les vestiges de leurs monuments romains. La ville, si détruite soit-elle, est très animée ; elle est l'objet d'un pèlerinage pieux de la part de toutes les familles françaises qui ont perdu un de leurs membres : père, fils, frère, fiancé… On voit des foules endeuillées se rendre aux lieux où leurs chers héros sont tombés, où ils dorment leur glorieux repos. Ce que l'on voit, en France, de gens portant le deuil de leurs parents est inimaginable ! Dans cette fantastique boucherie, la France s'est sacrifiée sans compter : elle a subi le poids de la guerre plus qu'aucun peuple, elle a saigné par mille plaies sans un moment de défaillance : vaillante à l'heure des périls, elle ne désespère pas de ses ruines après la victoire. Les veuves, les mères et les jeunes filles en vêtements de deuil, les officiers et soldats mutilés – combien nombreux –, les civils, qui furent mobilisés et qui ont repris le travail, ne parlent que de la Grande Guerre : ils se racontent les épreuves, les combats meurtriers, les morts de parents ou d'amis...

Chronologie

1914

28 juin : L'archiduc François-Ferdinand, héritier de l'Empire austro-hongrois, est assassiné à Sarajevo.

28 juillet : L'Autriche-Hongrie déclare la guerre à la Serbie. L'Allemagne soutient l'Autriche, et la Russie défend la Serbie.

30 juillet : Mobilisation générale en Russie.

31 juillet : Jean Jaurès est assassiné à Paris. Ultimatum allemand à la Russie et à la France.

1er août : La mobilisation générale est décrétée à la même heure dans l'après-midi en France et en Allemagne. L'Italie reste neutre. L'Allemagne déclare la guerre à la Russie.

2 août : Ultimatum de l'Allemagne à la Belgique lui demandant de céder le passage à ses troupes.

3 août : L'Allemagne déclare la guerre à la Belgique et à la France.

4 août : L'Allemagne envahit la Belgique. Le Royaume-Uni déclare la guerre à l'Allemagne. En France, les Chambres votent à l'unanimité l'Union sacrée.

19-23 août : Échec de l'offensive française en Lorraine (bataille de Morhange). C'est une retraite générale... Les Allemands sont à Bruxelles.

22 août : Début de l'invasion allemande.

2 septembre : Les Allemands atteignent Senlis. Le gouvernement quitte Paris pour Bordeaux.

5 septembre : Charles Péguy est tué à Villeroy (Seine-et-Marne).

6-14 septembre : Première bataille de la Marne. Les «taxis» entrent en action. Deux millions d'hommes s'affrontent sur le champ de bataille. Bataille du Grand-Couronné. La victoire franco-britannique oblige les Allemands à reculer et à dégager Paris.

17 septembre-15 octobre : Course à la mer des forces en présence pour contrôler les ports du nord de la France.

18 octobre-15 novembre: Batailles de l'Yser et d'Ypres. Les Allemands sont arrêtés sur l'Yser.

1ᵉʳ novembre: L'Empire ottoman entre en guerre aux côtés des puissances centrales.

10 décembre: Retour du gouvernement à Paris.

17 décembre: Première tentative d'une offensive de rupture du front en Artois. Attaques et contre-attaques se succèdent dans l'eau et dans la boue. Le front se stabilise de la mer du Nord à la frontière suisse.

Fin décembre: Fin de la guerre de mouvement. Les belligérants gardent leurs positions et s'enterrent sur place. Début de la guerre de positions.

1915

15 février-18 mars: Tentative de percée en Champagne.

19 février: Début de l'opération franco-anglaise des Dardanelles.

11 mars: L'Angleterre déclare le blocus de l'Allemagne.

22 avril: Offensive allemande à Ypres. Première utilisation des gaz asphyxiants.

7 mai: Torpillage du *Lusitania*, paquebot britannique, par un sous-marin allemand. La mobilisation américaine en faveur d'une intervention aux côtés des Alliés se renforce.

9 mai-18 juin: Échec de la seconde offensive française en Artois.

23 mai: Entrée en guerre de l'Italie aux côtés des Alliés.

10 septembre: Naissance du *Canard enchaîné*.

25 septembre-6 octobre: Seconde tentative de percée en Champagne.

25 septembre-11 octobre: Troisième tentative de percée en Artois.

5 octobre: La Bulgarie entre en guerre aux côtés des puissances centrales. Les troupes alliées débarquent à Salonique.

1916

9 février: Les Alliés quittent les Dardanelles. Service militaire obligatoire en Angleterre.

21 février: Début de la bataille de Verdun avec l'offensive allemande.

25 février: Le fort de Douaumont est pris par les Allemands.

1er mai: À Verdun, le général Nivelle remplace le général Pétain, nommé commandant de l'armée du Centre.

7 juin: Chute du fort de Vaux.

1er juillet: Début de la bataille de la Somme avec l'offensive anglaise. En une journée, l'infanterie britannique enregistre plus de 57 000 victimes. Le 15 septembre, les Anglais utilisent des chars d'assaut pour la première fois.

3 août: *Le Feu* d'Henri Barbusse commence à paraître en feuilleton dans *L'Œuvre*.

20 août: Entrée en guerre de la Roumanie aux côtés des Alliés.

24 octobre: Les Français reprennent le fort de Douaumont.

18 novembre: Fin de la bataille de la Somme. Plus d'un million de victimes pour l'ensemble des belligérants.

6 décembre: Bucarest occupée par les Allemands.

18 décembre: Fin de la bataille de Verdun. 370 000 victimes (morts, blessés, disparus) du côté français, 350 000 du côté allemand. Plus de 60 millions d'obus ont été tirés dans le secteur.

26 décembre: Le général Joffre, nommé maréchal de France, est remplacé par le général Nivelle à la tête des armées françaises.

1917

8 janvier: Première vague de grèves en France (grèves dans la haute couture parisienne). Le mouvement gagne progressivement les usines d'armement.

16 janvier: Les Allemands décident de reprendre la guerre sous-marine à outrance.

8-12 mars: Première révolution russe (21 au 23 février du calendrier grégorien).

15 mars: Abdication du tsar Nicolas II.

Avril-juillet: Mutineries dans l'armée française.

6 avril: Entrée en guerre des États-Unis qui envoient un premier contingent de 80 000 hommes en France.

16 avril-9 mai : Offensive du Chemin des Dames, dite « Offensive Nivelle ». 187 000 pertes pour les Français, 167 000 pour les Allemands. Première utilisation de chars d'assaut français.

15 mai : Le général Nivelle, relevé de son commandement, est remplacé par le général Pétain à la tête des armées du Nord et du Nord-Est.

13 juin : Le général Pershing, commandant du corps expéditionnaire américain, arrive en France.

6-7 novembre : Les bolcheviks s'emparent du pouvoir.

17 novembre : Clemenceau, président du Conseil.

15 décembre : Armistice entre les Russes et les Allemands. Arrêt des combats sur le front de l'Est.

1918

8 janvier : Le président américain Wilson expose ses « Quatorze Points » pour la paix.

21 mars : Offensive allemande en Picardie.

23 mars-8 août : Bombardements de Paris par la Grosse Bertha.

26 mars : Conférence interalliée de Doullens. Le principe d'une coordination entre les commandements alliés est établi. Le 14 avril, Foch reçoit le titre de commandant en chef des forces alliées en France.

9 avril : Offensive allemande dans les Flandres.

27 mai : Troisième offensive allemande sur le Chemin des Dames.

15 juillet : Offensive allemande en Champagne.

18 juillet : Contre-offensive franco-américaine. Seconde bataille de la Marne.

7 août : Foch, maréchal de France.

8 août : La contre-offensive franco-britannique en Picardie marque le début de l'offensive générale alliée.

Octobre : Point culminant de l'épidémie de grippe espagnole.

5 octobre : L'Allemagne, l'Autriche-Hongrie et la Turquie déclarent vouloir négocier sur les bases des « Quatorze Points » de Wilson.

Fin octobre : Décomposition de l'Empire austro-hongrois.

30 octobre : Armistice entre les Alliés et la Turquie.

2-3 novembre: Avancée alliée sur tous les fronts. Gouvernement révolutionnaire en Autriche qui signe l'armistice avec les Italiens à la villa Giusti, près de Padoue.

5-7 novembre: Mouvements révolutionnaires en Allemagne.

9 novembre: Abdication de l'empereur Guillaume II. Proclamation de la République allemande.

11 novembre: L'Allemagne signe l'armistice. À 11 heures, les hostilités sont suspendues.

15 novembre: Les Allemands ont évacué tout le territoire français.

17 novembre: Les troupes françaises entrent en Alsace-Lorraine.

14 décembre: Le président Wilson arrive en France pour participer à la conférence de la paix.

15 décembre: Pétain, maréchal de France.

1919

18 janvier: Ouverture de la conférence de paix à Paris.

28 avril: Création de la Société des Nations.

28 juin: Signature du traité de paix avec l'Allemagne dans la galerie des Glaces du château de Versailles.

14 juillet: Défilé de la Victoire à Paris.

2 octobre: La Chambre des députés ratifie le traité de Versailles.

Crédits des textes cités, par ordre d'apparition

Édouard Cœurdevey, *Carnets de guerre 1914-1918 : un témoin lucide*, Plon, 2008.

Roger Martin du Gard, *Les Thibault. L'Été 1914*, t. III, Gallimard, coll. «Folio», 2003.

Raymond Séries et Jean Aubry, *Les Parisiens pendant l'état de siège*, Berger-Levrault éditions, 1915.

Alain-Fournier, Madame Simone, *Correspondances 1912-1914*, Claude Sicard (éd.), Fayard, 1992.

Charles Péguy, *Le Mystère de la charité de Jeanne d'Arc*, 1911, *Ève*, Gallimard, 1933.

Marcelle Capy, *Une voix au-dessus de la mêlée*, Éditions Paul Ollendorf, 1916.

Lettres d'étudiants allemands tués à la guerre, Gallimard, Les documents bleus n° 26, 1932.

Guillaume Apollinaire, *Œuvres poétiques complètes*, Bibliothèque de la Pléiade, Gallimard, 1956.

Louis Désalbres, *Mon carnet de route, 1916-1918*, Villalobos Éditions, 2012.

P. Tuffrau, *Carnets d'un combattant*, Payot, 1917.

Jean Giono, *Refus d'obéissance*, Gallimard, 1937 ; *Recherche de la pureté*, Gallimard, 1939.

Les Petits Secrets de la vie à bon marché, brochure de propagande de la ville de Saint-Mandé, 1917.

Clémence Martin-Froment, *L'Écrivain de Lubine*, Edhisto, 2010.

Maxence Van der Meersch, *Invasion 14*, Albin Michel, 1950.

Charles Delvert, *Histoire d'une compagnie*, Berger-Levrault, 1918 ; *Carnets d'un fantassin*, Éditions des Riaux, 2003.

Abel Ferry, *Carnets secrets*, Grasset, 2005.

Georges Hubin, *Ma vie, mes campagnes, ma guerre*, blog du 147e RI.

Joseph Delteil, *Les Poilus*, Grasset, 1926.

René Naegelen, *Les Suppliciés*, Baudinière, 1927.

Colonel Mangin, « L'Utilisation des troupes noires », *Bulletin de la société d'anthropologie de Paris*, mars 1911.

Alphonse Séché, *Les Noirs*, Payot, 1919.

Charles de Gaulle, *Études et correspondances*, Plon, 1971.

Quella-Villégu, T. Duhidine, *14-18 Grands Reportages*, Omnibus, 2005.

Musée des Lettres et des Manuscrits.

John Maynard Keynes, *Les Conséquences économiques de la paix*, 1920.

Bibliographie

Du même auteur

Albums illustrés et recueils

La Mémoire du Grand Meaulnes, Paris, Éditions Robert Laffont, 1995.

Paroles de Poilus, Paris, Librio et Tallandier, Radios locales de Radio France, 1998.

Mon papa en guerre. Lettres de pères et mots d'enfants, 1914-1918, Paris, Les Arènes, 2003 ; Librio, 2004.

Paroles de Verdun, Paris, Éditions Perrin, 2006.

« Paroles de », coffret historique, Librio, 2012.

Maurice Maréchal et Lucien Durosoir. Deux musiciens dans la Grande Guerre, Paris, Éditions Tallandier, 2005.

CD-DVD

Mon papa en guerre, Éditions Montparnasse, 2006.

Paroles de poilus au théâtre, Éditions Naïve, 2007.

Paroles de poilus, Éditions Frémeaux-Radio France.

Bandes dessinées

Paroles de poilus en BD (vol. 1), Éditions Soleil, 2006 ; *Paroles de poilus en BD* (vol. 2), Éditions Soleil, 2012.

Paroles de Verdun en BD, Éditions Soleil, 2006.

Ouvrages généraux

J.-J. Becker, *La France de 1914 à 1940*, Paris, PUF, coll. « Que sais-je ? », 2005 ; *La Grande Guerre*, Paris, PUF, coll. « Que sais-je ? », 2004 ; *Le Traité de Versailles*, Paris, PUF, coll. « Que sais-je ? », 2002.

R. Cazals, F. Rousseau, *14-18, Le cri d'une génération*, Toulouse, Éditions Privat, 2001.

R. Fraenkel, *Joffre, L'âne qui commandait des lions*, Triel-sur-Seine, Éditions Italiques, 2004.

J. Nicot, *Les Poilus ont la parole : dans les tranchées, lettres du front*, Bruxelles, Les Éditions Complexe, 1998.

F. Roux, *La Grande Guerre inconnue*, Paris, Éditions de Paris-Max Chaleil, 2006.

J.-P. Turbergue, *Les Journaux de tranchée*, Triel-sur-Seine, Éditions Italiques, 1999 ; *Les 300 jours de Verdun*, Triel-sur-Seine, Éditions Italiques, 2006.

Récits, témoignages et romans

L. Barthas, *Les Carnets de guerre de Louis Barthas, tonnelier. 1914-1918*, Paris, La Découverte, 1997.

J. Bernier, *La Percée*, Marseille, Agone, 2000.

M. Capy, *Une voix de femme dans la mêlée,* Paris, Ollendorff, 1916.

H. Castex, *Verdun, années infernales. Lettres d'un soldat au front*, Paris, Éditions Imago, 1996.

R. Cazals, N. Offenstadt (présentation et notes), *« Si je reviens comme je l'espère. » Lettres du front et de l'arrière, 1914-1918*, Perrin, coll. « Tempus », 2005.

P. Chaine, *Les Mémoires d'un rat*, Paris, Éditons Louis Pariente, 2000.

G. Chevalier, *La Peur*, Paris, Le Passeur, 2002.

E. Cœurdevey, *Carnets de guerre. 1914-1918. Un témoin lucide*, Paris, Plon, 2008.

J. Delteil, *Les Poilus*, Paris, Grasset, 1926.

Ch. Delvert, *Histoire d'une compagnie*, Paris, Berger-Levrault, 1918 ; *Carnets d'un fantassin*, Paris, Éditions des Riaux, 2003.

L. Désalbres, *Mon carnet de route 1916-1918*, Solliès-Ville, Villalobos-Latécoère Éditions, 2012.

R. Desaubliaux, *La Ruée : journal d'un poilu,* Paris, Presses de la Renaissance, 2005.

G. Duhamel, *Civilisation*, Paris, Mercure de France, 1918.

J.-P. Dumont Le Douarec, *Amandine, Lettres d'Amour*, Gourin, Keltia Graphic, 2008.

A. Ferry, *Carnets secrets*, Paris, Grasset, 2005.

M. Genevoix, *Ceux de 14*, Paris, Omnibus, 1998 ; Flammarion, 2013.

J. Giono, *Refus d'obéissance*, Paris, Gallimard, 1937 ; *Recherche de la pureté*, Paris, Gallimard, 1939; *Le Grand Troupeau*, Paris, Gallimard, 1944.

C. Labaume-Howard, *Lettres de la « der des ders ». Les lettres à Mérotte: correspondance de Pierre Suberviolle,* Cahors, La Louve Éditions, 2011.

A. Le Breton, *Campagne de 1914-1918. Mon carnet de route*, Rennes, Ennoïa, 2004.

E.-E. Lemercier, *Lettres d'un soldat: août 1914-avril 1915*, Paris, Bernard Giovanangeli Éditeur, 2005.

P. Mac Orlan, *Verdun*, Paris, Fernand Sorlot, 1935.

A. Mare, *Carnets de guerre: 1914-1918*, Paris, Herscher, 1996.

R. Martin du Gard, *Les Thibault. L'Été 14*, t. III, Paris, Gallimard, coll. « Folio », 2003.

C. Martin-Froment, *L'Écrivain de Lubine*, Moyenmoutier, Edhisto, 2010.

P.-A. Muenier, *L'Angoisse de Verdun*, Nancy, Presses universitaires de Nancy, 1991.

R. Naegelen, *Les Suppliciés*, Paris, Baudinière, 1927.

L. Pitolet, *Sept mois de guerre dans une ambulance limousine*, Paris/Lille, Éditions Mercure Universel, 1933.

M. Proust, *À la recherche du temps perdu*, Paris, Gallimard, coll. « Quarto », 1999.

A. Quella-Villégu, T. Duhidine, *14-18, Grands Reportages*, Paris, Omnibus, 2005.

P. Quentin-Bauchart, *Lettres*, Paris, Éditions de l'Art catholique, 1918.

P. Ricadat, *Petits Récits d'un grand drame*, Paris, Éditions La Bruyère, 1979.

A. Séché, *Les Noirs*, Paris, Payot, 1919.

É. Tanty, *Les Violettes des tranchées*, Triel-sur-Seine, Éditions Italiques / Radio France, 2002.

P. Tuffrau, *Carnets d'un combattant*, Paris, Payot, 1917.

M. Van der Meersch, *Invasion 14*, Paris, Albin Michel, 1950.

J. Veber, *J'y étais: un peintre dans la Grande Guerre*, Triel-sur-Seine, Éditions Italiques, 2006.

Les Grands Romans de la guerre de 14-18 (collectif), Paris, Omnibus, 2006.

Lettres d'étudiants allemands tués à la guerre, Paris, Gallimard, coll. « Les documents bleus » n° 26, 1932.

CD

La Grande Guerre, vol. 1 et 2, Paris/Vincennes, Frémeaux & Associés-Radio France (6 CD).

Sites Internet

http://chtimiste.com/carnets/videaulettres.htm
http://crid1418.org
http://www.dessins1418.fr/picsengine/release/
http://www.camp-de-quedlinburg.fr/

Filmographie

À l'Ouest, rien de nouveau, Lewis Milestone, 1930 (*remake* de Delbert Mann en 1979).
Les Croix de bois, Raymond Bernard, 1932.
La Grande Illusion, Jean Renoir, 1937.
Les Sentiers de la gloire, Stanley Kubrick, 1957.
Johnny s'en va-t'en guerre, Dalton Trumbo, 1971.
La Victoire en chantant, Jean-Jacques Annaud, 1977.
Le Pantalon, Yves Boisset, 1987.
The Trench, William Boyd, 1999.
La Chambre des officiers, François Dupeyron, 2001.
Un long dimanche de fiançailles, Jean-Pierre Jeunet, 2004.

Remerciements

Ce livre n'aurait pas vu le jour sans le talent de Rachel Grunstein, éditrice aux éditions des Arènes, et la perspicacité de Laurent Beccaria, sans oublier Noëlle Meimaroglou et Fleur d'Harcourt de la collection Librio. Il a bénéficié du soutien du regretté Philippe Chaffanjon pour France Bleu et de Pierre-Marie Christin pour France Info, tous deux grands magiciens de Radio France. L'auteur remercie pour leur concours et pour leur gentillesse le Centre Charles-Péguy, d'Orléans, Jean-Pierre Verney, le musée de la Grande Guerre et Stéphanie Derynck ainsi que Martine Bazennerye, Pierre Dabin, Laure Darcos, Daniel Delavoix, Agnès Després, Régine Dewilde, Jean-Pol Dumont Le Douarec, Luc Durosoir, Paulette Froger-Collet, Davye Gerbaud, Sylvie Giono, Yvon Grivaz, Michèle Hartman, Patrick Hugon, Faye Kirchner, Catherine Labaume-Howard, Éliane Labruyère, Odette Lemaire, Didier Letombe, Jean-Claude Moignet, Hubert Pénet, M. Placereau, Élisabeth Pigeon Saint Bonnet, Pierre Renoux, Cécile Reyman, Jean-Luc Rey, Jean Ricadat, Marcelle Rivier, Isabelle-George Sylvestre, Claude Tanty, sans oublier Gérard Lhéritier, Aristophil et le musée des Lettres et Manuscrits de Paris. Que soient enfin remerciées toutes les familles qui ont confié leurs lettres, leurs photographies et leurs archives au « Passeur » des souvenirs de leurs aïeux.

Le musée de la Grande Guerre du Pays de Meaux. Un nouveau regard sur 14-18

Musée d'histoire et de société, le musée de la Grande Guerre du Pays de Meaux propose une nouvelle approche du premier conflit mondial pour comprendre comment cette période a fait entrer nos sociétés dans le XXe siècle. À partir d'une collection unique

en Europe, l'exposition de trois mille mètres carré offre une visite originale, grâce à un parcours à vivre en famille dans lequel les objets, les archives, les images, les sons permettent une approche à la fois sensible et pédagogique de ce conflit.
www.museedelagrandeguerre.eu